Der Grindenschwarzwald

ISBN 3-9810385-0-9

© Dr. Wolfgang Schlund, Naturschutzzentrum Ruhestein, 77889 Seebach
  pk-Verlag - Peter Klüber, 79348 Freiamt, 2005

Reproduktion: Repro-Service - Peter Klüber, 79348 Freiamt
Druck: burger)(druck, 79183 Waldkirch

Der Grindenschwarzwald

Texte & Konzeption:

Dr. Wolfgang Schlund

Fotos:

Klaus Echle • Wolfram Hessner • Friederike Scharfe
und andere

Naturklänge und Musik:

Achim Bornhöft

Gestaltung & Konzeption:

Peter Klüber

Herausgeber:

Naturschutzzentrum Ruhestein & pk-Verlag

Hinweis zur technischen Produktion:
Alle Bilder wurden auf dem High-End-Trommelscanner Chromagraph DC 3010 gescannt. Die Weiterverarbeitung der Scans erfolg-
te über die Bildverarbeitungs-Workstation „DaVinci". Gedruckt wurde über ein spezielles Rasterverfahren im Offsetdruck, dem
frequenzmodulierten Raster (Satin-Screening), auf einer Heidelberger Speedmaster CD-74 (außer Seite 73–80). Hierbei ist die
Druckauflösung drei Mal so hoch wie im normalen Offsetdruck. Vorteile: Für das Auge ist kein Raster mehr sichtbar, Farbbrillanz
und Farbraum werden größer und die Wiedergabe ist detailgetreu.
Papier: Arctic volume, Bilderdruck 170 g/qm

Inhaltsverzeichnis

Vorwort

Sicherlich, über den Schwarzwald gibt es schon jede Menge Bücher – Fachbücher, Reiseführer, Bildbände – und so mancher wird denken: „Jetzt schon wieder ein Buch? Ein Bildband auch noch, als ob es davon nicht schon genug gäbe!"

Nun, der Schwarzwald ist nicht einfach der Schwarzwald. Der Hotzenwald ist nicht gleichzusetzen mit dem Feldberg, und der wiederum ist nicht zu vergleichen mit der Wutachschlucht oder dem Kinzigtal. Und der Grindenschwarzwald? Das ist wieder eine ganz andere Ecke.

Der Grindenschwarzwald, im Norden des Schwarzwalds um Hornisgrinde und Schliffkopf, gehört zu den bemerkenswertesten Regionen des Schwarzwalds, und ist gleichzeitig der, der immer hinter Feldberg, Todtnau und Titisee zurückstehen muss und etwas vergessen wird. Nirgends aber hat der Schwarzwald so viel Wald wie hier, so viele Karseen, romantische Bäche, abgelegene Waldwinkel und stille Moore. Die Grinden, der schwäbische Ausdruck für kahle Köpfe, die ausgedehnten, waldfreien Bergheiden und Moore auf den Gipfellagen, haben der Region ihren Namen gegeben. Hier zieht die alte Landesgrenze zwischen Baden und Württemberg über die höchsten Berge und alte Grenzsteine, Passstraßen und Schanzanlagen erzählen von Handel, Schmugglern und Grenzstreitigkeiten. Hier leben noch Auerhuhn und Rothirsch, Kreuzotter und Dreizehenspecht, Raufußkauz und Sperlingskauz. Freilich, auch hier ist die Zeit nicht stehen geblieben. Die reichen Flößer, die fleißigen Glasmacher und die armen Köhler, wie sie Wilhelm Hauff in seinem Märchen „Das kalte Herz" beschrieben hat, gibt es schon lange nicht mehr. Aber Kohlplatten, Harzbäume, Schwallungen und Glasreste im Wald zeugen noch vom alten Waldgeschehen. Heute reichen Wald- und Landwirtschaft kaum mehr aus, um eine Familie zu ernähren. Der Tourismus ist mittlerweile zum wichtigsten Wirtschaftszweig geworden.

Von Baden-Baden kommend, führt die Schwarzwaldhochstraße am Mummelsee vorbei mitten hinein in die Grindenlandschaft des Nordschwarzwalds. Und jährlich fahren Millionen Menschen diese Panoramastraße, sind erstaunt und vielleicht entsetzt über die großen Windwürfe, die der Orkan „Lothar" gerissen hat, und freuen sich schließlich, dass sie über diese Windwürfe hinweg wunderschöne Ausblicke in das tausend Meter tiefer gelegene Rheintal haben, bei Nacht das Lichtermeer Straßburgs bewundern können, oder einfach, um – wie auf einem Balkon sitzend – in der Ferne die Vogesen, Frankreich und die Alpen erahnen zu können.

Wer Zeit hat und die Anstrengung nicht scheut, sollte sich aber den Grindenschwarzwald erwandern. Von den Tälern kommend, führen die gut markierten Wanderwege des Schwarzwaldvereins hinauf auf die Höhen, und wer mag, kann nach einem deftigen Vesper mit dem Bus wieder zum Ausgangspunkt der Wanderung zurückkehren. Sind es im Sommer die Wanderer und Radfahrer, die sich an der herrlichen Grindenlandschaft erfreuen, so sind es im Winter Skifahrer, Langläufer, Snowboarder und zunehmend Schneeschuhgeher.

Die Region ist also in fester Hand des Natur-Tourismus. Wie sehen das aber die Natur und die Naturschützer? Gibt es eine friedliche Koexistenz zwischen Langläufer und Auerhuhn, zwischen Kletterer und Wanderfalke?

Seit Jahren sind Naturschutz- und Forstverwaltung des Landes Baden-Württemberg bemüht, gemeinsam mit Vertretern von Tourismusverbänden, Gemeinden und Kreisen der Region dafür praktikable Wege zu finden. Die Einrichtung des Naturschutzzentrums Ruhestein im Schwarzwald war dabei sicherlich ein Meilenstein. Mit über 600 Veranstaltungen pro Jahr und über 30.000 Besuchern kann das Naturschutzzentrum wichtige Informationen über Natur und Naturschutz weiter geben, Naturschutzmaßnahmen in Absprache mit Gemeinden und örtlichen Verwaltungen umsetzen, Konflikte frühzeitig erkennen und geeignete Lösungen finden. Kein Wunder also, dass das Naturschutzzentrum zum Kondensationspunkt für das LIFE-Projekt „Grindenschwarzwald" wurde.

Was hat es mit diesem LIFE-Projekt auf sich? Für die Naturkundigen sind die Naturschutzgebiete um den Ruhestein (Naturschutzgebiete „Schliffkopf", „Wilder See – Hornisgrinde", „Hornisgrinde – Biberkessel", „Gottschlägtal – Karlsruher Grat") schon von jeher einmalige Gebiete, die mit ihren seltenen Tieren und Pflanzen eine herausragende Bedeutung für Baden-Württemberg haben: von über 1.400 Tier- und Pflanzenarten sind ca. 10 Prozent auf der Roten Liste des Landes und gelten als gefährdet. Aber auch im europäischen Naturschutznetz „Natura 2000" sind diese Gebiete wichtige Bausteine für die dauerhafte Erhaltung europäischer Tiere und Pflanzen. Die Schutzgebiete unterliegen deshalb zusätzlich der FFH-Richtlinie bzw. der Vogelschutzrichtlinie der Europäischen Union. Diese Auszeichnungen sind wiederum Voraussetzung für die finanzielle Unterstützung durch die EU im Rahmen ihres LIFE Natur-Förderprogrammes. Das Regierungspräsidium Karlsruhe, Referat 56 (ehemals die Bezirksstelle für Naturschutz und Landschaftspflege), hat zusammen mit ihren Partnern (Regierungspräsidium Freiburg, Referat 56, Landesforstverwaltung, Forstliche Versuchs- und Forschungsanstalt Baden-Württemberg, Naturschutzzentrum Ruhestein im Schwarzwald) und der Unterstützung der Kommunen, Vereine und Betriebe vor Ort (Kommunen Baiersbronn, Oppenau, Ottenhöfen, Sasbach, Seebach, Arbeitsgruppe Raufußhühner, Schwarzwaldverein, SchliffkopfHotel) im Jahr 2000 in Brüssel den Antrag zum LIFE-Projekt „Grindenschwarzwald" gestellt.

Von über 300 Anträgen wurden europaweit knapp 100 bewilligt, sechs davon in Deutschland, einer in Baden-Württemberg: das LIFE-Projekt „Grindenschwarzwald"! Was für ein Segen für die Region! Über einen Zeitraum von fünf Jahren flossen circa 1,8 Millionen Euro in Biotop- und Artenschutzmaßnahmen oder auch in Informations- und Öffentlichkeitsarbeit.

50 Prozent dieser Summe trug die Europäische Union, die zweite Hälfte teilten sich die Partner und Förderer des LIFE-Projekts. Der vorliegende Bildband konnte ebenfalls mit finanzieller Hilfe des LIFE-Projekts „Grindenschwarzwald" entstehen – vielen Dank dafür.

Die Fotografen Klaus Echle, Wolfram Hessner und Friederike Scharfe haben der eigentümlich-herben Schönheit des Grindenschwarzwalds nachgespürt und mit ihren fantastischen Bildern meisterlich die vielen Facetten dieser Landschaft eingefangen. In erster Linie ist ihnen für das Gelingen dieses Bildbandes zu danken. Peter Klüber hat diese Bilder am High-End-Scanner eingescannt und zusammen mit den vorliegenden Texten zu erlebnisreichen Buchseiten kombiniert – ihm und seiner Frau Christine Klüber vielen Dank für die unzähligen, unbezahlten Stunden am PC und der Bildverarbeitungs-Workstation. Danken möchten wir auch unserem Lektor Josef Hoben für die schnelle und professionelle Überarbeitung der Texte sowie der Druckerei Burger-Druck. Was wäre ein guter Bildband ohne das richtige Papier und einen brillanten Druck?

Zur Einmaligkeit der Grindenlandschaft passt aber auch die einmalige Idee, dieses Buch mit einem Hörerlebnis zu vervollkommnen. Zwei Jahre lang war der Tübinger Komponist Achim Bornhoeft mit seinen Mikrophonen in den Naturschutzgebieten um den Ruhestein unterwegs, um landschaftstypische Höreindrücke aufzunehmen. Zusammen mit eigens dafür komponierten Musikstücken für Klavier und Cello ist so ein kleines Meisterwerk entstanden. Im Namen von

Herrn Bornhöft bedanken wir uns herzlich beim SWR in Tübingen, der Herrn Bornhöft für die Produktion der CD mit Naturklängen und Musik seine Studios kostenlos zur Verfügung stellte. Vielen Dank auch der Kulturförderung der Oberschwäbischen Elektrizitätswerke, die die Arbeit von Herrn Bornhöft finanziell unterstützte.

Mit dem vorliegenden Werk möchte nun das Naturschutzzentrum die Leser zu einem umfassenden Sinneserlebnis mitnehmen: Sehen, lesen, hören – nur die Natur selbst kann dieses Erlebnis übertreffen!

Landrat Peter Dombrowsky   Dr. Wolfgang Schlund
(Erster Vorsitzender   (Geschäftsführer)
der Stiftung)

Der Grindenschwarzwald

Der Grindenschwarzwald erstreckt sich über die Höhenzüge zwischen Baden-Baden und Freudenstadt. Seinen engeren Bereich bilden die Naturschutzgebiete zwischen Unterstmatt und Kniebis. Die waldfreien Bergkuppen mit Mooren und beweideten Bergheiden gaben dem Gebiet seinen Namen: „Grind" ist die schwäbische Bezeichnung für kahler Kopf.

Das LIFE-Projekt „Grindenschwarzwald" gehört zur Naturschutzkonzeption „Natura 2000" der Europäischen Union (EU). Ziel dieser Konzeption ist die Erhaltung der biologischen Vielfalt in Europa. Grundlage dazu ist ein europäisches Netz von FFH- und Vogelschutzgebieten nach den Richtlinien der EU.

FFH-Richtlinie
(**F**auna = Tierwelt, **F**lora = Pflanzenwelt, **H**abitat = Lebensraum)
schützt Gebiete mit natürlichen oder naturnahen Lebensräumen und/oder dem Vorkommen gefährdeter Tier- und Pflanzenarten.

Vogelschutzrichtlinie
sichert Gebiete für das Überleben gefährdeter Vögel Europas, insbesondere auch Zugvögel.

Dank der Auszeichnung der Naturschutzgebiete um den Ruhestein als FFH- und Vogelschutzgebiete wurde hier von 2001 bis 2005 die Durchführung eines europäischen Naturschutz-Großprojektes möglich.
Zentrale Aufgaben waren die Erweiterung und Beweidung der Bergheiden, der Schutz der Hochmoore, die Verbesserung der Lebensräume von Raufußhühnern und anderen seltenen Arten. Ebenso wurde das Angebot für Besucherinnen und Besucher durch Erlebnispfade, Faltblätter, Broschüren und Veranstaltungen im Sinne einer naturverträglichen Nutzung erhöht.
Das LIFE-Projekt „Grindenschwarzwald" gilt als innovatives, zukunftsweisendes Beispiel für die moderne Naturschutzarbeit des Landes Baden-Württemberg gemäß dem Motto:

Gemeinsam für Mensch und Natur!

nach
Baden-Baden

Unterstmatt

NSG „Hornisgrinde - Biberkessel"

NATURA 2000

Life

GRINDEN-
SCHWARZWALD

B500

NSG „Gottschlägtal - Karlsruher Grat"

Naturschutzzentrum
RUHESTEIN
im Schwarzwald

NSG „Wilder See - Hornisgrinde"

NSG „Schliffkopf"

Kniebis

NSG „Kniebis - Alexanderschanze"

nach
Freudenstadt

Auf Sand gebaut

Unverrückbar und unveränderlich

Wenn man auf der Hornisgrinde steht und seinen Blick über Schwarzenkopf, Altsteigerskopf, Seekopf, Vogelskopf und Schliffkopf wandern lässt, tief unter sich Biberkessel, Mummelsee und den Ursprung von Acher und Murg weiß, hat man einen Eindruck von Ewigkeit. Unverrückbar scheinen die Berge, und in sie hineingemeißelt die Täler mit ihren Bächen und Seen. Unverrückbar, zeitlos und unveränderlich. Längst schon, bevor der Mensch seinen Fuß in den Schwarzwald setzte, waren die Buntsandsteinrücken Wind und Wetter ausgesetzt. Und wenn in ferner Zukunft die letzten Spuren des Menschen auf unserer Erde verweht sind, wird der Schwarzwald immer noch Bestand haben. Ach, wie menschlich kurz gedacht. Was ist ewig auf dieser Welt, außer dem endlosen Kreislauf der Materie? Waren hier nicht Eiszeiten, die den Schwarzwald unter dicken Gletschern begraben haben? Meere, in denen der Schwarzwald Heimat großer Korallenriffe war? Oder waren hier nicht vor Urzeiten endlos anmutende Wüsten mit Wadis, Oasen und Sauriern?
Aber der Reihe nach.

13

Wüstenhaft

In grauer Vorzeit – immerhin ist die Erde schon 4,6 Milliarden Jahre alt – mögen hier schon Gebirge und Meere und wieder Gebirge und Meere gewesen sein. So weit zurück wollen wir aber gar nicht gehen. Die Geschichte des Schwarzwaldes soll von dem Zeitpunkt an beginnen, an dem seine roten Buntsandsteine erzählen können. Von einer Zeit vor 250 bis 200 Millionen Jahren, als Süddeutschland ein flaches, weites Land war, fest gegründet auf den Urgesteinen Granit und Gneis.

Das Klima mag damals trocken und heiß gewesen sein. Große Herden des drei Tonnen schweren, pflanzenfressenden Plateosaurus zogen durch die weiten Graslandschaften, entlang periodisch wasserführender Flussläufe, die ihren Ursprung in einem großen Gebirge weit im Westen hatten, dem französischen Zentralmassiv. Wehe, wenn diese Wadis Wasser führten! In den Regenzeiten donnerten riesige Wassermassen mit Schlamm, Sand und Steinen die Ströme hinab. Rissen alles mit sich, was sich ihnen in den Weg stellte und begruben alles unter sich, was auf den überfluteten Flächen war. Mit zunehmender Entfernung vom Gebirge, draußen im flachen Land, wurde die Kraft des Wassers schwächer und reichte schließlich nicht mehr aus, Steine mitzuführen. Noch weiter weg vom Gebirge blieb der grobe Sand auf der Strecke, schließlich die feineren Sandkörner, bis nur noch der Feinschlamm übrig blieb und sich allmählich absetzte. Während der Trockenzeiten tat der Wind das Seine dazu und türmte mächtige Sanddünen auf, die über das flache Land wanderten.

Noch heute zeugen die verschiedenen Schichten des Buntsandsteins von diesem Vorgang. Mal sind sie ebenmäßig feinkörnig, mal grob mit vielen Kieselsteinen, dann wieder so fein, dass man kaum ein Sandkorn erkennen kann.

Der „Wüstenzeit", in der zum Teil weit über 100 Meter mächtige Sandschichten abgelagert wurden, folgte die „Zeit des Ozeans". Die Sandwüste wurde zum Meeresboden. Es war ein warmes, tropisches Meer, in dem sich Raubsaurier, aber auch Korallen und Muscheln wohl fühlten. Jedenfalls türmten sich in mehreren Millionen Jahren auf dem Meeresboden mächtige Korallenbänke und Muschelkalkablagerungen auf, die man heute noch auf der Schwäbischen Alb als Muschelkalk-, Keuper- und Juraschichten bestaunen kann. Das war die Geburtsstunde des Buntsandsteins. Unter dem Druck der daraufliegenden Schichten und des Meerwassers wurde der Sand zum heutigen Sandstein zusammengepresst.

Aus dem Meer gehoben

Vielleicht wäre Mitteleuropa heute noch unter einem Meer begraben, wenn nicht globale Veränderungen ein neues Zeitalter eingeläutet hätten. Im stetigen Spiel der Kontinente, im ständigen Wandern, Verändern, Neuentstehen und Vergehen hat sich der große Kontinent Afrika auf den Weg gegen die Eurasische Platte gemacht und schickt sich an, sich unter Eurasien zu schieben. Begleitet von großen Erdbeben, wurde und wird Europa dadurch immer noch in die Höhe gedrückt. Das einst große Meer zog sich ins Mittelmeer zurück, die Alpen wurden aufgefaltet und der Schwarzwald mit seinem Nachbargebirge, den Vogesen, emporgehoben. Was für gigantische Veränderungen in nur wenigen Jahrmillionen (von ca. 65 bis 40 Millionen Jahre vor heute)! Und als ob der Dramaturg dieser erdgeschichtlichen Epoche noch eins hätte draufsetzen wollen, ließ er die Erdplatten zwischen Vogesen und Schwarzwald auseinander wandern und den tiefen Rheingraben einbrechen. Höhenunterschiede bis zu 5.000 Meter taten sich auf, für heutige Verhältnisse schier unvorstellbar, wenn man von der 1.163 Meter hohen Hornisgrinde auf den 1.000 Meter tiefer liegenden Rhein hinunter blickt. Längst hat die Erosion die hohen Gipfel abgetragen, Jura, Keuper und Muschelkalk in den Rheingraben verfüllt und der Rhein sich selbst durch Gesteins- und Sandfrachten aus den Alpen in die Höhe gearbeitet.

15

Wie geschliffen

Die Erosion hat ihre Arbeit gemacht und macht sie immer noch. Die feinkörnigen, „weichen" Sandsteinschichten – z. B. der Bausandstein – wurden und werden schnell abgetragen und bilden heute die steilen Bergflanken des Schwarzwaldes. Kieselsteinhaltige Schichten mit hohem Quarzanteil verwittern dagegen langsamer und bilden beinahe ebene Schichtstufen aus – gut zu erkennen in den Hochebenen der „Grindenberge".

Also auch am Schwarzwald nagt der „Zahn der Zeit", und was uns Menschen in unserer kurzen Frist der Betrachtung als ewig und unveränderlich erscheinen mag, unterliegt einer stetigen Veränderung.

Allerdings: manchmal können wir doch das Ticken der geologischen Uhr wahrnehmen und dem dauernden Spiel der Erosion zusehen. Wenn heftige Niederschläge die engen Einschnitte am Schliffkopf – den Roten Schliff zur Murg hin, den Roten Schliff in Richtung Allerheiligen und den Lierbacher Schliff – aktiv werden lassen und rotbraune Erd-Schlamm-Stein- und Wassermassen zu Tale stürzen. Diese Schliffe sind es übrigens auch, die dem Schliffkopf seinen Namen gegeben haben.

Steinmeere in den Wäldern

Nicht nur die Schliffe bilden die steilen Westflanken des Grinden-schwarzwaldes, sondern auch die großen Halden mit Felsbrocken, die aussehen, als seien sie erst vor kurzem mit riesigen Lastwagen abgeladen worden. Dieses „vor kurzem" ist allerdings schon über 10.000 Jahre her. Während der Eiszeit herrschten an den steilen, südwestlich ausgerichteten Hangkanten große Temperaturunterschiede. Die hohe Sonneneinstrahlung bei Tag ließ Schnee und Eis schmelzen und Wasser in Gesteinsritzen eindringen. Nachts sprengte das Wasser beim Gefrieren die Klüfte weiter auf. Als die Felsen durch Schmelzwasser und Wind freigelegt wurden, lösten sich Gesteinsbrocken ab und „rutschten" zu Tale. Es bildeten sich mehrere Meter mächtige und über 100 Meter lange Blockhalden.

In diesen „Steinmeeren" herrschen extreme Bedingungen. Zwischen den Steinen gibt es kaum Erde, das Regenwasser fließt schnell wieder ab. Bei optimaler Sonneneinstrahlung kann es auf den Blockhalden über 70 Grad heiß werden, in den Felsklüften sammelt sich dagegen die kalte Luft, die nach unten fließt und am Fuß der Halde für dauerhaft niedrige Temperaturen sorgt.
Für Bäume und Sträucher sind die Blockhalden deshalb kaum besiedelbar. Trotzdem gibt es hier Leben. Über 100 verschiedene Moos- und Flechtenarten wachsen auf den Steinen. Haben Moose und Flechten Fuß gefasst, kann sich Erde bilden. Es folgen Farne und Gräser, Asseln, Spinnen und Käfer, Eidechsen und Spitzmäuse ... – eine neue Nahrungskette baut sich auf, an deren Ende häufig die Kreuzotter steht.

18

19

Karseen – Geschenke der Eiszeit

23

Im eisigen Griff

Wer sich bei starkem Schneetreiben mit einigen Grad unter Null auf den Kräfte zehrenden, mühevollen und vielleicht auch gefährlichen Weg auf die Hornisgrinde macht, die Mütze tief ins Gesicht gezogen, durch meterhohen Schnee stapfend und oben im Nebel und Schneesturm den steilen Abhang zur Biberkesselkarwand suchend, mag einen Eindruck davon bekommen, wie es hier während der Eiszeit ausgesehen haben könnte: Berge von Schnee, Schneeverwehungen und Wächten, die auch während der wärmeren Sommermonate nicht abschmolzen, wohl antauten, nachts wieder gefroren und irgendwann wieder mit Schnee überdeckt wurden.

Vor 70.000 Jahren begann sich die letzte Eiszeit über Europa zu legen und hatte unser Land – von wenigen Wärmeperioden abgesehen – ca. 60.000 Jahre lang im eisigen Griff. Eine lange, kalte Zeit. Zeit genug jedenfalls, um die mächtigen Schneefelder auf den Gipfeln und den sonnenabgewandten Nord- und Ostflanken der Berge zu Firnfeldern und schließlich zu Gletschern werden zu lassen. Es müssen viele kleine Gletscher gewesen sein, die sich unter ihrer Last hangabwärts schoben und im Gletscherinneren im reißenden Wasserstrom zwischen Eis und Fels Tonnen von Gesteinsschutt mit nach unten führten. Sie haben das Gesicht des Nordschwarzwaldes nachhaltig verändert, denn nirgendwo sonst in Mitteleuropa gibt es so viele steile Karwände und Karseen oder Karmulden, die ehemals Karseen gewesen sind. Sie alle zeugen von den Gletschern, die sich tief in den Buntsandstein einhobelten und schließlich, als die Eiszeit ihr Ende fand, den mitgeführten Gesteinsschutt als Seiten- und Endmoränen ablagerten und somit das Bett der Karseen schufen.

Zauberhaft und mystisch

Mit ihrem schwarzen Moorwasser sind sie die „dunklen Augen" im großen Waldmeer, und zusammen mit der häufig tief eingeschnittenen, weltfernen Lage waren sie der Quell zahlreicher Legenden und Sagen. Und noch heute, in unserer hochtechnisierten, entmystifizierten Zeit, kann sich kaum einer dem Zauber der Karseen entziehen. Wenn man nach langer Wanderung durch abgelegene Wälder endlich den einsamen, schwarzen, beinahe ringsum durch steile Berghänge eingeschlossenen See erreicht hat und fasziniert dem glitzernden Spiel von Wasser und Sonne zusieht, können die Gedanken leicht ins tiefe dunkle Wasser eintauchen. Wir können Nixen, Seegeistern und Mümmelein begegnen, ihnen auf Zeitreisen folgen, uns verlieren, bis wir jäh vom schaurigen Ruf des Waldkauzes wieder geweckt werden – denn die Sonne verschwindet schnell hinter den steilen Karwänden, und früher als sonst beginnen hier unten am Karsee die Geschöpfe von Dämmerung und Nacht ihren schaurig-schönen Reigen.

Zeit zu gehen, um den Eulen und Fledermäusen wieder See und Wälder zu überlassen.

Träumereien am Wilden See

„Komm mit", flüsterte sie ihm immer wieder ins Ohr. Oh, wie hätte er ihr widerstehen können. Keine Sekunde wollte er ihr widerstehen. Mit allen Fasern seines Körpers zog es ihn zu ihr hin, ihre zarte weiße Haut berühren, ihre schlanke Taille umfassen – doch jedes Mal, wenn er nach ihr griff, ging seine Hand ins Leere. Huschte durch ihren Körper hindurch.
Ohne Widerstand. „Komm mit", flüsterte sie wieder und lachte leise. Beherzt ging er einen schnellen Schritt auf sie zu, um sie zu fassen, noch einen Schritt – und wieder: Ohne jeden Widerstand war er durch sie hindurchgetreten. Von hinten hielt sie ihm ihre blonden Locken vor die Augen. Schnell drehte er sich um, aber er sah nur noch ein Reh im Unterholz verschwinden.

Kalter Schweiß trat ihm auf die Stirn, und er wurde leichenblass, als vom See her lautes, höhnisches Gelächter zu ihm herüber drang. Dort schwebte, halb im Wasser, halb darüber, der grässlich grüne, zottlig zerzauste Seekönig des Mummelsees. Wasser und Algen tropften ihm aus seinem langen grünen Bart, der bei seinen Lachkaskaden zitterte und hüpfte. „Wie kommt der zum Wildsee?", schoss es ihm durch den Kopf, als es plötzlich in den Wäldern um ihn rauschte und donnerte. Laut polternd stapfte der riesenhafte Holländermichel durch den Wald, trat zum Seeufer, zog seine langen ledernen Flößerstiefel hoch und watete zum Seekönig. Dort ergriff er grimmig dessen Dreizack und begann darauf Harfe zu spielen. Der Seekönig pfiff auf wundersame Weise dazu, und siehe: Über den See huschte und hüpfte das Glasmännlein auf Schlittschuhen. Getragen von der Musik drehte es Kringel, Kreise, Pirouetten, und die Bäume am Ufer schwenkten ihre Äste im Takt. Nur sieben Fichten standen stock und steif und hielten ein Spruchband in die Höhe, auf dem zu lesen stand: „Tauschen Steine gegen Herzen."

„Komm mit", flüsterte es wieder leise, hinter ihm, vor ihm, neben ihm. Dann tanzten halbnackte Nixen auf ihren Händen um ihn herum und klatschten ihre Fischschwänze gegeneinander. Eine tote Jungfrau im weißen Gewand schwebte durch

den Wald und winkte ihm zu. An der Leine
führte sie einen grässlichen Werwolf, der
alle paar Meter Männchen machte und ar-
tig mit dem Schwanz wedelte. „Komm
mit", flüsterte auch die tote Jungfrau. Ihm
wurde schwindlig.

Alles drehte sich. Werwolf, Jungfrau, Nixen, Holländermichel und Seekönig. Alle
drehten sich um ihn herum und flüsterten
leise und fordernd: „Komm mit". Ihr Flü-
stern wurde lauter und lauter, bis sie ihn
Ohren betäubend anbrüllten: „Komm
mit!". Schließlich platzte dem Glasmännlein, das bisher still auf den Schultern des
Holländermichels saß und sich an dessen
mächtigen Kopf festhielt, der Kragen.
„Komm endlich mit, Du Nichtsnutz!",
schrie es schrill, zog den Dreispitz des See-
königs unter dem Hut des Holländermichels hervor und schlug damit auf ihn ein.
Getrieben von den Schlägen, geschubst und
gestoßen von der höhnisch lachenden Gesellschaft, wurde er unter „Komm mit"-
Rufen in den See getrieben.

Eigentlich war er ein guter Schwimmer.
Aber seine Arme und Beine gehorchten
ihm nicht. Wie Blei sank er in das unendli-
che Schwarz des Sees hinunter. Luftblasen,
die er ausstieß, grinsten ihn an und perlten
nach unten weg. Ein Taucher mit einer
Kerze in der Hand kam vorbei und fragte
ihn nach dem Weg zum Tanzboden. Unter
der Maske glaubte er das Gesicht des Köhlers Peter Munk erkannt zu haben.
Er sank weiter, und endlich erblickte er
Licht auf dem Seeboden. Eine nackte
Glühbirne hing über dem runden Tisch, be-
schien drei wilde Gesellen, die an dem
Tisch Karten spielten. Ein hübsches Mümmelein stellte Wein auf den Tisch, und eine
Nixe fegte die immer noch grinsenden
Luftblasen weg, die er ausgestoßen hatte.
Ängstlich zitternd trat er zu den drei Män-
nern am Tisch. Sie waren seine einzige
Hoffnung, aus dieser unendlichen Finster-
nis herauszufinden. „Zu spät", sagte Grim-
melshausen und griff nach dem Weinglas.
„Zu spät", meinte auch Wilhelm Hauff
und deutete auf den Dritten. „Wir sind
schon zu dritt", sagte Hauff noch und
spielte ein As aus. Professor Euting kicher-
te, als er ohnmächtig wurde.

Nebelberge und Regenwald

Es regnet

Es regnet. Und es regnet viel und oft im Grindenschwarzwald. Vom Atlantik kommend treibt der Westwind die Wolken über das flache Land Frankreichs hinweg, zwängt sie in den Nordvogesen durch die Zaberner Senke hindurch, bis sie schließlich im Gebirgsstock von Hornisgrinde und Schliffkopf hängen bleiben. Jetzt heißt es für die Wolken „Gewicht lassen", um über das Gebirge zu kommen. Es regnet eben. Durchschnittlich fallen so über 2.200 mm Niederschlag im Jahr, weit mehr als in Karlsruhe (760 mm), Stuttgart (690 mm) oder Freiburg (900 mm). Aber auch deutlich mehr als auf dem Feldberg (1.730 mm) – die Hornisgrinde hält den Niederschlagsrekord in Deutschland außerhalb der Alpen!

Wetterspiele

Wenn der Himmel voller Wolken hängt, ist es meist neblig im Gebirge. An bis zu 180 Tagen im Jahr verhüllen Hornisgrinde und Schliffkopf ihr Gesicht. Aber was für ein Schauspiel bietet sich dennoch dem, der den Grindenschwarzwald bei diesem Wetter besuchen kommt! Großen, dicken Wattebergen gleich – mal schnell, mal langsam – steigen, klettern, huschen oder schieben sich träge die Wolken die Berghänge hinauf, verfangen sich in den Wäldern, schließen die Landschaft ein, versperren die Sicht bis auf wenige Meter, um dann wieder urplötzlich aufzureißen, den Blick freizugeben bis hinunter nach Straßburg und hinüber zu den Vogesen.

Wenn das Regengebiet durchgezogen ist, „dampfen" die Berghänge noch lange. Kleine Wolkenfetzen bilden sich in den Wäldern, steigen auf und vergehen schnell in der klaren Luft. „Die Hasen kochen wieder", haben wir als Kinder gelernt. Kochen werden sie nicht. Aber sicherlich nützen sie die warmen Sonnenstrahlen, um auf Nahrungssuche zu gehen.

39

Golden taucht die Sonne die Grinden in warmes Licht, durchflutet Bergkieferngebüsche und lässt die roten Preiselbeeren verlockend aufleuchten. Auf dem sonnenwarmen Grindenboden geben sich Sandlaufkäfer zum Zirpen der Heuschrecken ein Stelldichein.

Jetzt sollte man Bussard oder Kolkraben begleiten können. Die schiere Lust an Sonne, Thermik und Fliegen lässt sie immer höhere Kreise ziehen, bis sie nur noch winzige Punkte im endlosen Himmelsblau sind. Uns bleibt bei klarer Sicht der grandiose Fernblick über den Südschwarzwald hinweg bis in die Schweizer und Österreichischen Alpen.

43

Gewitter in Augenhöhe

Selbst an einem schönen Sommertag sollte man auf den Grinden die Jacke nicht vergessen. Im Unterschied zum etwa 1.000 Meter tiefer liegenden Rheintal hat es hier oben stets fünf bis zehn Grad weniger. Und um so besser, wenn die Jacke auch noch wasserdicht ist. Denn sprichwörtlich in Windeseile bauen sich Gewitterwolken auf und stürmen auf die Höhenlagen des Grindenschwarzwaldes zu. Wer sich jetzt nicht schnell in Sicherheit bringt, erlebt das Gewitter in Augenhöhe, wenn die Gewitterwolken an den Bergen hängen bleiben und sich über den Grinden austoben. Grelle Blitze und gleichzeitig ohrenbetäubende Donnerschläge. Die Luft ist elektrisiert, und es riecht nach Pulverdampf. Urgewalten wecken Urängste. Mit Recht. So mancher geborstene und feuergeschwärzte Baumriese zeugt vom Blitzeinschlag. Im schützenden Wald kauernd bleibt nur zu hoffen, dass bald das Gewitter weiterzieht. Und Erleichterung macht sich breit, wenn man endlich zwischen Blitz und Donner bis drei, fünf oder sieben zählen kann – auch wenn jetzt sintflutartiger Regen die beste Jacke durchnässt.

49

Der Orkan

Wieder einmal ist es ein Weihnachten ohne Schnee.
Selbst auf den Bergen riecht die Luft würzig nach
Frühling. Die braun-orangen und grau-braunen Farb-
töne der abgestorbenen Gräser und die heftigen Windböen erinnern eher an den vergangenen Herbst, als an
den Winter. Ich komme mächtig ins Schwitzen auf der
Wanderung von Seebach hinauf auf den Vogelskopf,
und auch Sasch, mein treuer Begleiter, hechelt heftig,
als wir endlich den 1.000-Meter-Weg erreichen. Ein
kräftiger Westwind bläst uns entgegen und trocknet
schnell meine verschwitzte Stirn. Sasch stellt sich
schräg hinter mich, um in meinem Windschatten den
Ausblick zu genießen. Denn wie jedes Mal, wenn wir
hier heraufsteigen, bietet sich uns ein erhabener Ausblick hinunter ins Achertal und hinaus ins Rheintal,
bis weit hinüber zu den Vogesen. Von der Anstrengung geadelt und vom Ausblick belohnt, schauen wir
stolz und zufrieden hinunter ins Tal und wissen dort
unten im streichholzschachtelgroßen Holzhaus unsere
Familie zusammensitzen, die Alten erzählend, die Jungen spielend. Schließlich ist es Weihnachten. Und es ist
auch dieses Jahr wieder ein schönes Weihnachten gewesen, als sich zu Heiligabend alle bei uns eingefun-
den hatten, um in stiller Freude zusammen Weihnachten zu feiern.

Wie jedes Jahr erzählte Großvater von seiner Kinder-
und Jugendzeit, als es im Winter noch jede Menge
Schnee gab, wie er als kleiner Junge sein erstes Paar
Ski bekam und wie er es kaum erwarten konnte, damit durch den verschneiten Winterwald zu streifen.
Am liebsten wäre er gleich noch an Heiligabend losge-
zogen, aber das durfte er freilich nicht. Zu seinem
großen Unglück wurde ihm aber auch am ersten
Weihnachtsfeiertag verboten, die Skier anzuschnallen.
Schließlich ist dieser Tag ein Hochfest, und da schickt
es sich nicht, mit Skiern loszustapfen. „Morgen," versprach ihm sein Vater, „morgen ziehen wir gemeinsam
los, nehmen ein Vesper mit und kommen erst am
Abend wieder heim."
Am nächsten Morgen spähte er beim ersten Licht aus
dem Fenster, es schneite nur leicht, das richtige Wetter
für eine Skitour. Aber was für eine Enttäuschung, als

sein Vater auch an diesem Morgen seinen Sonntagsanzug aus dem Schrank holte! „Zuerst geht's zur Kirche", sagte er und nahm ihn mit. Unruhig rutschte er auf der Kirchenbank hin und her, vernahm nur mit halbem Ohr die schreckliche Geschichte der Tötung der Erstgeborenen in Bethlehem durch König Herodes und die Flucht der Heiligen Familie nach Ägypten. – „Ob die auch Skier anhatten?", fragte er sich für einen Augenblick. Aber dann erinnerte er sich wieder an den letzten Sommer, als der Südwind Sand mitbrachte und ihm seine Eltern erklärten, der Sand käme aus der Wüste Sahara in Ägypten. Endlich stimmte die Gemeinde das Weihnachtslied „O du Fröhliche" an. Voller Inbrunst sang er alle drei Strophen mit, denn er wusste, endlich war die Messe zu Ende und das Skiabenteuer konnte beginnen.

Sein Vater gewandt, er noch etwas ungelenk auf den langen, hölzernen Skiern stehend, stapften sie durch den verschneiten und verzauberten Winterwald. „Tscht – tscht", sangen die Skier leise bei jedem Schritt, und jedes Mal erfüllte ihn Glück und Stolz, wenn er die Spitzen seiner Skier vor sich aus dem tiefen Schnee herausragen sah. Höher und höher führte ihn sein Vater, bis sie endlich im Nebel und Schneetreiben die Grindenhochflächen erreicht hatten.

Eisig und schneidend trieb ihnen der Wind die Schneekristalle ins Gesicht, so dass er seine Wollmütze tief ins Gesicht zog. „Noch tiefer", sagte sein Vater und zog ihm die Mütze bis über die Nase, dass er nichts mehr sehen konnte. Lachend führte er ihn dann hin und her, im Kreis herum und wieder hin und her, bis er die Mütze endlich wieder über die Augen schieben

durfte. „So", fragte ihn dann der Vater, „in welche Richtung geht es nun nach Hause?" Im dichten Nebel stehend und wirr vom Blinden-im-Kreis-gehen, hatte er völlig die Orientierung verloren.

Dieses Weihnachtsfest 1920 ist meinem damals 10-jährigen Großvater, und durch das oftmalige Erzählen auch mir, in bester Erinnerung geblieben. Denn wenn schon die Skier eine so große Bescherung waren, wie es die Jahre davor keine gegeben hatte und die Jahre danach keine mehr geben sollte, so war das, was sein Vater dort oben im Nebel auf dem Vogelskopf aus seiner Tasche zog, eine noch viel größere Bescherung – auch wenn er den Wert vielleicht erst einige Jahre später so richtig ermessen konnte: ein Kompass!

Der alte Militärkompass hatte meinem Urgroßvater im Ersten Weltkrieg gute Dienste getan und sollte ab Weihnachten 1920 zum ständigen Begleiter meines Großvaters werden. Und viel seltener als diese fröhliche Weihnachtsgeschichte erzählte er – stets mit Tränen in den Augen – dass dieser Kompass ihn im Zweiten Weltkrieg von Russland nach Hause gebracht hatte.

An irgendeinem zweiten Weihnachtsfeiertag nach dem Zweiten Weltkrieg – natürlich wieder auf dem Vogelskopf – reichte mein Großvater den Kompass an meinen Vater weiter, der ihn dann schließlich vor einigen Jahren mir anvertraute. Auch damals standen wir auf dem Vogelskopf – selbstverständlich wieder am zweiten Weihnachtsfeiertag, denn seit Weihnachten 1920 ist die Weihnachtsskitour Tradition in unserer Familie –, selbst dann, wenn es keinen Schnee an Weihnachten gibt.

Wintertraum

Im Winter wartet der Grindenschwarzwald mit bizarrer Schönheit
auf. Dem Wind entgegen wachsen
zentimeterlange Eiskristalle in
feuchter Luft und bilden dicke weiße Krusten um Äste, Zweige, Pfos-
ten, Wegweiser – um alles eben,
was sich dem Wind entgegenstellt.
Aber auch mit dem Schnee treibt er
sein Spiel. Sanft lässt die leichte
Brise die Schneeflocken tanzen und
wirbeln, dass der trockene Pulver-
schnee sich zu luftigen, weichen
Matten in windgeschützten Win-
keln niederlässt. Hart und scharf
wie kleine Geschosse peitscht dagegen der unbarmherzige Ostwind die
Eiskristalle über die Hochflächen.
Die gemessenen minus 5 Grad fühlen sich an der Haut wie minus 30
Grad an. Arktische Verhältnisse.
Und so ein Schneesturm kann über
Stunden anhalten.
Dann aber wieder Windstille. Stahl-
blauer Himmel, Sonne, meterhoch
jungfräulicher Schnee. Die Felsen
tragen lange Bärte aus silbern glitzernden Eiszapfen. Tief biegen sich
die Äste der Latschen und Fichten
unter der weißen Last. Wer gute
Ohren hat, kann das zarte Klirren
vernehmen, wenn ein sanfter Wind-
hauch eine Fichte berührt und Eiskristalle zwischen den Zweigen
niederrieseln.

56

Während sich meine Gedanken in dieser alten Geschichte verlieren, umgreift meine Hand wie selbstverständlich das alte Messinggehäuse in meiner Jackentasche, wie prüfend, ob der Kompass an seinem Platz ist, um gleichzeitig aber auch mit einem Händedruck einen Gruß an seine Vorbesitzer zu schicken, die unten im Tal in der wohligen Wärme des Kachelofens beieinander sitzen. Dieses Jahr ist es das erste Mal, dass ich alleine hier heraufgestiegen bin. Unser knapp einjähriger Sohn braucht seine Mutter, meine Eltern ihren Enkel, und mein Großvater hat mit seinen 89 Jahren seine Skier und Wanderschuhe schon längst an den Nagel gehängt.

So stehe ich also dieses Jahr mit Sasch, meinem Collie-Mischling, alleine hier oben und lasse mir den kräftigen Westwind um die Nase blasen. „Holla! – Was für ein Wind!" Zwei, drei heftige Windböen haben mich beinahe umgeworfen und mich aus meinen Gedanken gerissen.

Holla, schon wieder zerrt der Sturm an mir, reißt mir meine Mütze vom Kopf und zwingt mich, mich niederzuhocken. „Wenn schon kein Schnee, so bietet mir das Wetter wenigstens ein windiges Schauspiel", denke ich bei mir und strecke dem Sturm freudig erregt mein Gesicht entgegen. Drüben über den Vogesen liegt ein bedrohliches, schwarzblaues Wolkenband und schickt unablässig seine warnenden Boten herüber. Mit unglaublicher Geschwindigkeit jagen Wolken über den Vogelskopf, und die mächtigen Fichten neigen sich im Wind, als ob sie dem Sturm huldigen wollten.

Lange stemme ich mich diesem Sturm entgegen, breite die Arme aus, neige mich nach vorne, lege mich auf den Wind, als ob ich fliegen wollte. Ein Spiel, das ich schon als Kind genossen habe. Der Wind bläht meine Kleider auf, zerrt knatternd an Jacke und Hose. Ich fühle mich im freien Fall, im Fliegen – bis ich plötzlich bemerke, dass mir mein Spiel aus den Händen gleitet. Ich fliege, falle wirklich, strauchle, stürze, rapple mich auf, um wieder niedergeworfen zu werden. Ohrenbetäubender Lärm. Heulen. Surren. Blätter, Fichtennadeln, Zapfen und kleine Zweige jagen wie Geschosse durch die Luft – schließlich größere Äste. Angsterfüllt suche ich nach Sasch. Der kluge Hund hat sich instinktiv in den Wassergraben neben den Weg gekauert. Ich flüchte zu ihm. Die Arme schützend über den Kopf. Bis jetzt hat mich nur ein Fichtenzapfen getroffen. Der Graben schützt uns. Einige lange Minuten verharren wir so und lassen Sand, kleine Steine und Zweige auf uns niederprasseln. Für Augenblicke lässt der Sturm nach.

Augenblicke, die ausreichen, in mir das blanke Entsetzen hervorzurufen. Die schwarze Wolkenfront hat den Rhein überschritten und schickt sich an, in wenigen Minuten über den Schwarzwald zu fegen. Es bleibt keine Zeit für Todesangst. Wir müssen von der nordwestlichen Nase des Vogelskopfes flüchten, Schutz suchen – nur wo? Wir rennen den 1.000-Meter-Weg in Richtung Osten. Mit dem Wind. Der trägt uns, schiebt uns vorwärts. Zweige peitschen um uns. Das Heulen, Surren und Knattern wird unerträglich und erhält noch eine Steigerung durch das Bersten und Splittern der brechenden Bäume.

Irgendetwas reißt mich zu Boden, zerrt mich den Abhang hinunter, peitscht mir ins Gesicht ...

Als ich wieder zu mir komme, bin ich unter dem Gipfel einer Fichte begraben. Die oberen Äste des mächtigen Baumes haben mich vom Weg in den Abhang gefegt – zum Glück! Hier blieb ein kleiner schützender Raum, den der Stamm nicht erreichen konnte.

Zitternd bleibe ich in meiner merkwürdigen Höhle. Um mich herum tobt weiter das Bersten, Brechen und Splittern. Der Boden bebt. Krachen. Die Fichten hangabwärts haben den Kampf gegen den Sturm verloren und sind mit den Wurzeln aus dem Boden gerissen worden. Urplötzlich habe ich den Blick frei hinüber zu Hornisgrinde, Schwarzenkopf und Altsteigerskopf. Hier hat der Orkan mit voller Wucht die westexponierten Hänge getroffen. Von der Ferne beobachtet, liegen die Fichten gleichmäßig in Windrichtung. Später wird man sagen: „Als ob ein Riese die Bäume gekämmt hätte." – Mir fehlen im Augenblick des Geschehens die Worte. In meinem Kopf dröhnt nur lähmendes Entsetzen.

Als der Sturm etwas nachlässt, wage ich mich endlich aus meinem Versteck. Meine Hände und mein Gesicht bluten, ansonsten bin ich unverletzt. Meine Jacke ist zerrissen, meine Mütze fehlt – und Sasch? Kaum, dass ich mich aus meinem Versteck befreit habe, kommt der gute Hund aus irgendeinem Unterschlupf herausgekrochen. Freudig mit dem Schwanz wedelnd und gleichzeitig ängstlich zitternd, stürzt er auf mich zu und weicht an diesem Tag nicht mehr von meiner Seite.

Wir brauchen Stunden, bis wir wieder im Tal sind. Überall umgestürzte Bäume, versperrte Wege und Straßen. Es ist kaum ein Durchkommen. Ich verlasse mich auf Sasch, der die besten Schlupflöcher unter den Bäumen hindurch findet. Es grenzt an ein kleines Wunder, dass uns nichts passiert, denn immer noch jagen Windböen durch den Wald, und die gefallenen Bäume ächzen und stöhnen.

Es ist dunkel, als wir zu Hause ankommen. Dachziegel und Teile des Kamins liegen im Hof auf dem Boden. Kerzenschein dringt aus den Fenstern. Seit der Sturm um die Mittagszeit das Tal erreicht hat, ist der Strom ausgefallen.

Als ich das Wohnzimmer betrete, herrscht für Sekunden entsetztes Schweigen über mein Aussehen, dann maßlose Freude. Glücklich liegen wir uns in den Armen. Die Anspannung löst sich, und reinigend für die verängstigten Seelen drängt es jeden, sein persönlich Erlebtes zu erzählen.

Tage später, die gesamten Ausmaße des Sturms waren bei weitem noch nicht abzuschätzen, wurde mir erst klar, dass ich während des Sturms doch einen großen persönlichen Verlust erlitten hatte. Aus meiner zerrissenen Jacke muss der alte Kompass gefallen sein. Seit der Zeit durchstreife ich – nicht nur am zweiten Weihnachtsfeiertag – immer wieder die Waldhänge am Vogelskopf, nicht müde in der Hoffnung, den Kompass zu finden. Und ich bin mir ganz sicher, irgendwann werde ich erfolgreich sein.

Warm schlägt kalt

An manchen Tagen dann „verkehr-
te" Wetterverhältnisse. Inversion.
Kalte Luft am Boden wird von warmen Luftmassen in den Höhen ein-
geschlossen. Dicker, zäher Nebel
liegt über der Rheinebene und in
den Tälern des Schwarzwaldes. Die
Berge dagegen recken ihre Rücken
in die warme, klare Luft und genießen die Sonne. Jetzt kommt der
„Sonnenbalkon Schliffkopf" zu seiner besten Geltung. Über das Ne-
belmeer hinweg verliert sich der
Blick über Vogesen, Südschwarzwald, Schwäbische Alb und Alpen
und lässt das graue Allerlei des All-
tags im Nebel zurück. Windgeschützt in der Sonne sitzend, kann
man so im Januar Stunden mit 20
Grad und mehr erleben. Und so
mancher holt sich hier den ersten
Sonnenbrand des Jahres …

63

Aufbruch

Lange hat der Winter den Grinden-schwarzwald im Griff. Nicht selten fällt der erste Schnee schon Mitte November, und für die Einheimi-schen ist es nicht überraschend, wenn im April nochmals 20 cm Neuschnee fallen.

Spätestens Mitte Mai ist aber auch hier oben der Frühling nicht mehr zu stoppen. Überall tropft und plät-schert es. Die moorschwarze Erde ist mit Wasser voll gesogen, und zartes, frisches Grün schiebt sich unaufhaltsam zwischen das Gelb-Grau der abgestorbenen Halme von Pfeifengras und Rasenbinse. Die gel-ben Tupfer des Huflattichs spiegeln die Sonne wider.

Heckenbraunelle und Rotschwänz-chen haben den Sommer aus Afrika mitgebracht. In manchen Jahren hat man den Eindruck, als würde hier oben übergangslos von Winter auf Sommer umgestellt, wenn das Ther-mometer von einem Tag auf den an-deren um mehr als 20 Grad klettert.

Schwarzwälder Los

Waldbauern, Köhler, Flößer und Glasmacher

Das Schicksal des Schwarzwaldes und seiner Menschen war schon von jeher sehr eng miteinander verbunden. Die Wälder waren früher nicht menschenleer, wie man heute vielleicht glauben mag. Schon bei der Wanderung mit dem Finger über die Landkarte des Grindenschwarzwaldes wird deutlich, dass es hier nicht nur Wald gab oder gibt. Alte Gewann- und Flurnamen zeugen von einer Vergangenheit mit vielfältiger Landnutzung: Melkereikopf, Glasschrofen, Schifferwald, Kohlplatz …

Der urwüchsige Buchen-Tannen-Wald mit seinen Bäumen, Tieren, Beeren und Pilzen, die Bäume mit ihrem Holz, ihrem Harz und ihrer Rinde, die Bäche mit ihrer Wasserkraft und die Grinden mit ihren waldfreien Weideflächen ernährten die Waldbauern der umliegenden Dörfer, Siedlungen und Waldhüfen. Schon im Mittelalter hörte man aus den Tälern das geschäftige Schnaufen der Wasserräder von Sägemühlen und das monotone, dumpfe Schlagen der Hammerschmieden. Hin und wieder war das einsilbige, zarte Geläut von Kapellen zu vernehmen, oder das würdevolle Zusammenspiel der großen Glocken der Klosterkirchen von Allerheiligen und Klosterreichenbach erfüllte die Täler und wurde vom Wind bis zu den Berggipfeln getragen.

Auf schmalen Saumpfaden brachten die Köhler ihre begehrte Ware von ihren versteckt im Wald liegenden Kohlenmeilern talabwärts, und die Schlote der Glasmanufakturen protzten mit dickem Rauch und verkündeten so von der emsigen Geschäftigkeit und dem Wohlstand der Glasmacher.

Auch die großen Waldbauern hatten ihr Auskommen. Etwas Ackerbau in den Tälern und Waldweide auf den Berghöhen. Die Bergrücken zwischen Freudenstadt und Baden-Baden waren bestens zur Almwirtschaft geeignet. Die mehr oder weniger ebenen Flächen, die nur lückig mit Wald bewachsen waren – schließlich gab es hier oben viele kleine Moore, in denen kaum Bäume wachsen konnten –, wurden brandgerodet und die so entstandenen Grinden (schwäbisch: kahler Kopf) mit Rindern beweidet.

69

Mühsam, gefährlich und schwer

Mühsam und schwer war auch die Arbeit der Holzhauer. Nur mit Äxten ausgerüstet – Sägen wurden erst um 1800 erfunden – rückten sie den mächtigen Schwarzwaldtannen zu Leibe. Mehrere Tage am Stück waren sie an einem Holzschlag zugange, übernachteten im Wald, da der lange Fußmarsch vom Tal hinauf täglich zu viel Zeit und Kraft gekostet hätte.

Besonders gefährlich war es schließlich, das Holz ins Tal zu befördern. In den steilen Hängen waren die Pferde überfordert, man ließ die Bäume den Hang hinabschießen, Scheitholz wurde über Bäche getriftet oder im Winter mit großen Schlitten zu Tale gebracht. Unter Schwerstarbeit wurden Riesen, kilometerlange Rutschbahnen, aus Holzstämmen gebaut, um Stammholz die Berghänge hinunter zum nächsten Bach rutschen zu lassen. Ohne große Schäden sollten die Stämme unten ankommen, um von dort schließlich auf ihre lange Flussreise nach Holland geschickt zu werden. Das Holz war kostbar – ein Menschenleben weniger. Der Holzhandel verursachte viele Unfälle, oft mit tödlichem Ausgang.

71

Die „gute, alte Zeit" war weit weniger romantisch und beschaulich, als man heute gerne erzählt. Flächen, Besitz und Geld waren aufgeteilt in wenige Reiche und viele Arme. Notstand, Hunger und Krankheit gehörten ebenso zum Alltag wie täglich schwere Arbeit, die den Waldbauern Kraft, Zähigkeit, viel Geschick, aber auch Gleichmut abverlangte.
Hier mag auch die große Frömmigkeit der Waldbauern ihren Ursprung haben, denn wie hätte man ohne grenzenloses Gottvertrauen und den täglichen göttlichen Beistand dieses harte Leben ertragen können?

stampfen … Ihre rissige Hand zitterte, als sie Franz noch ein letztes Mal zuwinkte, obwohl der schon längst hinter den tief beasteten Tannen und Fichten verschwunden war.

Mit großen Schritten marschierte er bergauf, nicht wie sonst ins Murgtal hinunter. Da wollte er nicht mehr hin. Nicht zehn Pferde sollten ihn da hinunter bringen. Ja früher. Früher konnte er es kaum erwarten, bis ihn sein Vater hinunter schickte, um Holzkohle gegen Mehl zu tauschen. Jeden Tag hätte er den langen Abstieg machen können, um beim Murgmüller Mehl zu holen. Jedes Mal traf er dann die hübsche Müllerstochter, und Marie schien ihn von Mal zu Mal mehr zu mögen. Der Gedanke an Marie schnürte ihm die Kehle zu. Es tat immer noch weh und er konnte sich nicht dagegen wehren. Marie selbst hatte es ihm gesagt. Ihr Vater, der reiche Murgmüller, wolle keinen Ruß geschwärzten, nach Rauch stinkenden Schwiegersohn. Sie sei schon längst dem jungen Adlerwirt versprochen.

Selbst die aufgehende Sonne konnte ihn nicht trösten. Aber immerhin, es war angenehm, ihre warmen Strahlen auf dem Rücken zu spüren. Hans schnaubte. Weiß glitzernder Atem drang aus seinen Nüstern, und mit heftigem Kopfschütteln schien er ihm sagen zu wollen: „Lass das Murgtal hinter Dir – auf geht´s, nach Straßburg hinüber!"

Ahnungen, Vorahnungen und Sorgen ließen der Mutter keine Ruhe. Sie musste ihm hinterher gehen. Wenigstens bis sich der Weg gabelte. Sie wollte Gewissheit haben.

Franz kannte den beschwerlichen Weg nach Straßburg. Zuerst den schmalen Waldpfad hinauf zu den Grinden, über die kargen Hochflächen hinüber zum steinernen Kreuz, und dann den steilen Weg hinunter nach Oppenau. Von da war es einfach, denn von Oppenau musste man nur dem breiten Weg nach Westen folgen. Schon zwei Mal war Franz in Straßburg gewesen. Das erste Mal mit seinem Vater vor zwei Jahren. Und dann vor vier Monaten, gleich nach dem Tod des Vaters. Damals hatte ihn seine Mutter geschickt. Er musste vom Bischof geweihte Kerzen holen. Jeden Abend zündete

dann seine Mutter eine der Kerzen neben dem Kruzifix im Herrgottswinkel der Wohnstube an und hielt eine kurze Abendandacht. Denn nur so – und da war sich seine katholisch getaufte Mutter sicher – konnte der Vater sein Seelenheil finden.

Ach, seine liebe Mutter. Er hätte es ihr sagen müssen. Er hatte es sich vorgenommen, abends nach dem Essen. Aber jedes Mal, wenn Franz in ihr trauerndes Gesicht sah, brachte er kein Wort über seine Lippen. Trotzdem, er hätte es ihr sagen müssen. Selbstzweifel und Vorwürfe beschlichen und betrübten ihn, als er endlich die Grindenhochfläche erreicht hatte. Es war gemein und niederträchtig von ihm, sich einfach davon zu schleichen und die Mutter und den Bruder im Glauben zu lassen, er sei für einige Tage im Murgtal unterwegs, um Holzkohle zu verkaufen. Der Westwind auf der Hochfläche ließ ihn für einen Moment inne halten. Er drehte sich mit dem Rücken zum Wind und blickte nochmals hinunter ins Tal. Umkehren? Zurückgehen? Nein, sein Beschluss war endgültig.

Sie hatte es schon seit Tagen geahnt, gespürt – jetzt war sie sich ganz sicher, ihr Sohn war nach Straßburg aufgebrochen. Eine plötzliche Müdigkeit überfiel sie und zwang sie, sich auf den Stein neben der Weggabelung nieder zu setzen. Bleiern, gelähmt, zu müde, um noch mehr Trauer zu empfinden. Fünf Kinder hatte sie geboren, drei waren noch im Kindbett gestorben, und jetzt hatte sie auch ihren ältesten Sohn verloren.

Sie wusste noch gut, mit welchem Feuer in den Augen Franz erzählt hatte, als er mit seinem Vater von Straßburg zurück kehrte. Alles war für ihn bunt und hell, neu, fremd und anziehend: die vielen Händler mit ihren exotischen Waren, die vornehmen Frauen in ihren üppigen Kleidern, der Rhein mit Schiffen und Flößen, die lustigen Soldaten auf ihren Pferden. Marktstände, mächtige Häuser, Kirchen und schließlich das Münster. Überall Menschen, Lärmen, Lachen, fremdartige Sprachen, fremde Düfte und Gerüche. Das „Weltenfieber" hatte ihren Sohn gepackt. Das „Weltenfieber", das schon in ihrem Mann brannte, als sie sich kennen lernten. Deshalb hatte sie ihn geliebt, deshalb hatten sie sich

HORNGRVND.

BOGNERS WALD.

KREMERS WALD.

Srbach

Schwartze lachen

Bischbach

DVRR BADEN.

dmatten we.

Schonbuech we.

Hagenberg we.

Kremersbach fluss

KREMERS WALD

schwan fluss

achera besprung.

Ruhstain.

Kolbenloch

stain B.

Rosenstainische wald

HINDER SOLBERG.

lberg

Briesbach

all heiligen

Nasselbach

St. Visle

esbach

Eselbronn

Heselhau

hinder hirschbach

DER SOLBERG.

Stainin theuklin

Vorder hirschbach

Liebbach fluss

WALHOLZ

hirschau w.

Schurlyof

Roterbach

Roterstain

Eckenfelserhoue we.

Zum Creutz.

uselbars.

net we.

Maisach we.

HAVSKOPF

Krauenthau.

Im andegass we.

BVRGERWALD

Hench besprung.

Noppenaw we.

Abschied

Heute gönnte er sich zum Waschen einen großen Topf warmes Wasser und ein Stück von der Seife, die er sich letztes Mal aus Straßburg mitgebracht hatte. Er nahm sein weißes Hemd aus der alten Holztruhe, zog die gute Jacke an, die er von seinem Vater geerbt hatte, schlüpfte in die geputzten Stiefel, winkte noch kurz seiner Mutter und machte sich mit dem voll bepackten Pferd auf den Weg.

Lang schaute ihm seine Mutter hinterher. Bangend und hoffend. Franz, ihr ältester Sohn, hatte sich verändert, seit er das letzte Mal im Tal gewesen war. Übel gelaunt und mürrisch kam er damals zurück. Dann erwischte sie ihn immer wieder, wie er grübelnd vor sich hin starrte, Entscheidungen in seinem Kopf abzuwägen schien, etwas bejahte und wieder verwarf. Tagelang ging das so, bis er eines Morgens pfeifend aufstand und mit der Axt über der Schulter in den Wald marschierte. Er hatte einen Entschluss gefasst.

Sie haben nicht miteinander darüber gesprochen. Seit ihr Mann im Winter verunglückt war, redeten sie noch weniger als früher miteinander. Was sollten sie auch besprechen? Jeder wusste, was er zu tun hatte. Tagaus, tagein. Der Rhythmus der täglichen Arbeit war nach dem Tod ihres Mannes wohltuender Trost. Jede Minute war bestimmt und vorgegeben. Noch vor Morgengrauen musste die Kuh Liesl gemolken, das junge Zicklein und das Schwein gefüttert und Hans, der schwere Kaltblüter, auf seine Weide geführt werden. Dann den Stall richten. Ihren zwei Söhnen, die schon seit Stunden draußen im Wald Holz für den Meiler schlugen, Essen bringen. Futter für die Kuh schneiden, dann Hausarbeit. Tiere füttern. Garten richten, kochen, backen, waschen, Butter

74

Die Sonne war ihm schon voraus geeilt und strahlte wärmend ins Renchtal hinunter, als er um die Mittagszeit die Passhöhe beim steinernen Kreuz erreichte. Das flache Rheintal lag weit ausgebreitet zu seinen Füßen. Es gab kein Zurück mehr.

Zwei Wochen später, es war auch in der Buhlbachs Aue über Nacht Frühling geworden. Die warme Luft drängte die Mutter in den Garten, um Kraut zu setzen, als sie das freudige Wiehern eines Pferdes vernahm und sofort die schweren Huftritte von Hans erkannte. „Franz!" Erregt rannte sie durch den Garten und dem Waldweg zu. Ihr entgegen trabte der große Kaltblüter, die Ohren nach vorne gespitzt, schnaubend und endlich zufrieden, als er vom frischen Gras seiner Koppel fressen konnte. Sie nahm den großen Kopf des Pferdes in ihre Arme und weinte. Als ihr Mann im Winter mit dem Schlitten beim Holzholen verunglückte und sich tödlich verletzte, hatte sie keine Zeit zu weinen. Als Franz nach Straßburg aufbrach, empfand sie nur Leere und vielleicht stille Hoffnung. Jetzt war alles endgültige Gewissheit, sie würde ihren Sohn nie wieder sehen.

Lange stand Isaak Strauss hinter der weinenden Frau, bevor er seinen großen Rucksack vom Tragegestell des Pferdes nahm und schließlich der Frau des Köhlers half, das Pferd abzusatteln. Als jüdischer Tuchhändler kannte er aus eigener Erfahrung nur zu gut Leid und Schmerz und wusste, wie befreiend Weinen sein konnte. Wortlos verrichteten sie ihre Arbeit. Und nochmals übermannte sie heftiges Schluchzen, als sie aus der sonst leeren Packtasche eine beinahe zwei Ellen lange Kerze heraus zog. Ein kurzer, roter Schriftzug zierte die weiße Kerze. Sie hatte nie richtig lesen gelernt. Trotzdem erkannte sie sofort, dass der Name Franz auf die Kerze gemalt war. Schon seit Jahren kam Isaak Strauss ein-, zweimal im Jahr bei der Köhlerfamilie vorbei, um der Frau des Köhlers Stoffe, Nadeln und Faden zu verkaufen. Beim Abendessen erzählte er, wie er zufällig Franz auf dem großen Markt in Straßburg getroffen hatte. Er beriet ihn beim Kauf von derbem Stoff für eine robuste Hose und Franz erzählte, dass er schon bald mit einem Schiff nach Holland aufbrechen werde. Franz war glücklich und voll freudiger Erwartung – nur eine große Sorge plagte ihn noch. Er brachte es nicht übers Herz, Hans an Unbekannte zu verkaufen. Und groß war seine Freude, als Isaak Strauss versprach, das Pferd zurück zu bringen.

Der „alten Köhlerin", wie sie später genannt wurde, war ein langes Leben beschieden. Ihr zweiter Sohn wurde Köhler, heiratete, und sie durfte erleben, wie sechs muntere Enkelkinder die Buhlbachs Aue mit Kinderlachen erfüllten. Bis zu ihrem Lebensende verrichtete sie ihr Tagwerk so gut sie konnte. Und jeden Abend brannte in ihrer Stube für einige Minuten die Kerze für Franz, der in den alten Geschichten ihres Mannes für sie weiterlebte.

überhaupt kennen lernen können. Als junger Heißsporn ist er immer wieder dem pietistisch engen Murgtal entflohen. Und auf einer seiner Wanderungen ins Rheintal hinüber haben sie sich kennen gelernt. Es war das erste Mal, dass sie ihre ältere Schwester nach Renchen auf das Schützenfest begleiten durfte. Das Tanzen hatte sie von ihrer Schwester gelernt. Heimlich auf dem Heuboden. Und beim Tanzen ist es dann geschehen. Sie war gerade 16 Jahre alt, er vielleicht 20, und er erzählte ihr Geschichten, als kenne er die ganze Welt. Immer häufiger kam er sie besuchen. Es störte sie nicht, dass er nach Rauch roch und noch Rußreste in den Haaren und Ohren hatte. Wenn er nur erzählte. Erzählte, und sie in seine Geschichten mitnahm, nach Straßburg und den Rhein hinunter, sie gemeinsam Abenteuer mit den Flößern bestanden, durch Amsterdam schlenderten, im Hafen die mächtigen Segelschiffe bestaunten … Ihre größte Reise war dann schließlich von Renchen ins Schwäbische hinüber. Eine Reise, die sie nie bereut hatte. Und bestimmt hatte die hintere Buhlbachs Aue noch nie eine schönere Hochzeit gesehen. Sie wurde die Frau eines angesehenen Köhlers, denn ihr Mann übernahm das alte Handwerk seines Vaters, Großvaters und Urgroßvaters. Sie waren nicht reich, nicht arm, hatten ihr tägliches Auskommen, und der Kohlenmeiler warf sogar etwas Luxus ab. Einmal im Jahr, meistens zu Martini, reiste ihr Mann nach Straßburg, brachte für sie Gewürze, Kaffee und Seife, für die Kinder einen Ring getrockneter Feigen und für sich einen großen Beutel holländischen Tabaks mit. Das Schönste, was er aber mitbrachte, waren die Geschichten, die er an so manchem langen Winterabend Pfeife rauchend seiner Familie erzählte. Ihr Mann hatte ihren ältesten Sohn mit dem „Weltenfieber" angesteckt. Das wusste sie schon lange. Lange, bevor es ihr Sohn selbst wusste. Schon als Kind lauschte Franz gespannt den Geschichten des Vaters, und noch

Tage später musste sein jüngerer Bruder geduldig herhalten, wenn er die Geschichten des Vaters nacherzählte oder mit viel Phantasie nachspielte. Jedes Jahr bedrängte Franz den Vater, er möge ihn doch mitnehmen. Und als er 16 Jahre alt war, durfte er ihn endlich begleiten. Gedrückt und beklommen ging sie zurück, um den Stall zu richten.

Obwohl es schon Mitte Mai war, war hier oben auf den Grinden noch wenig vom Frühling zu spüren. In schattigen Mulden lag noch jede Menge Schnee, aber immerhin das erste zarte Grün des Bocksergrases sprießte zwischen dem Graubraun der alten Halme. Er war froh, dass das Frühjahr noch nicht weit fortgeschritten war, denn so bestand keine Gefahr, den alten Hirten zu treffen, der hier oben über den Sommer die Baiersbronner Rinder hütete. Dem lieben und klugen, alten Mann war es schwer, einen Wunsch abzuschlagen, und wenn er ihn zum Bleiben überredet hätte …
Nein, er konnte nicht bleiben. Da war die Sache mit Marie. Aber wenn er ehrlich in sich hineinhorchte, war das nicht der eigentliche Grund. Seit er mit seinem Vater in Straßburg war, hatte ihn eine innere Unruhe ergriffen. Eine Sehnsucht, ein Drängen. Da draußen war die Welt. Noch viel verlockender und schöner, als er sie von den vielen Erzählungen seines Vaters kannte. Da draußen war die Welt und schien auf ihn zu warten. Sein Vater wusste das. Sein Vater hatte ihn verstanden. Als ältester Sohn hätte er die Köhlerei übernehmen müssen. Aber auf dem Sterbebett flüsterte ihm sein Vater zu: „Du musst nicht Köhler werden – lass es deinem Bruder". Er brauchte einige Monate, bis er die Worte seines Vaters richtig verstand. Er brauchte Marie, die ihm schließlich die Augen öffnete. Nein, zum Köhler war er nicht geboren, sein Schicksal hatte etwas Anderes mit ihm vor.

Der Ruf des Holzes

Im 18. Jahrhundert herrschte Goldgräberstimmung im Nordschwarzwald. Holland brauchte Holz zum Bau von Hafenanlagen, Schiffen und zum Bau der Stadt Amsterdam. Seit jener Zeit haben die „Holländer-Tannen" ihren Namen: mächtige Bäume mit zwei Meter Durchmesser und bis zu 50 m Höhe! Heute findet man solche Bäume kaum noch in unseren Wäldern. Kein Wunder, wurden doch in wenigen Jahrzehnten die meisten Tannen im Nordschwarzwald geschlagen und nach Holland gebracht. Als Transportweg dienten natürlich die Wasserstraßen Murg, Acher, Kinzig ... und schließlich der Rhein. Wo es aber in den Wäldern keine nutzbaren Bäche gab, wurden Baumstämme über Riesen in die Flusstäler befördert.

Die bildhafteste und eindrücklichste Schilderung jener Zeit ist Wilhelm Hauff im Märchen „Das kalte Herz" gelungen, wo er das Leben des armen „Kohlenmunk-Peters", der reichen Glasmacher und Flößer beschreibt. Hauffs Schilderungen basieren auf wahren Beobachtungen. Schließlich war Johann Gottlieb Hauff, ein Verwandter von Wilhelm Hauff, von 1817 bis 1821 Pfarrer in Schwarzenbach. Von ihm hat er sicherlich viele detaillierte Informationen erhalten.

Der Holzhandel mit Holland brachte für einige Jahre etwas Reichtum in den Nordschwarzwald, aber auch eine drastische Veränderung der Wälder. In wenigen Jahren waren weite Landstriche kahl geschlagen. Die Tannen waren nach Holland gebracht und die Buchen dem Energiehunger der Glasmanufakturen, der Eisenhütten und Köhler verfüttert worden. Kahle, verwüstete Berge, so weit das Auge reichte. Der mächtige, urwüchsige Buchen-Tannen-Wald,

wie ihn vermutlich schon die Kelten besiedelt, die Römer angstvoll gemieden und die Schwarzwaldbauern schließlich kultivierbar gemacht hatten, war dahin. Wirtschaftlichen Zwängen unterlegen, zu Geld gemacht und zerstört. Schon damals nahm die Handschrift des Menschen klare Züge an, und damals wie heute war der Wald ein Spiegel menschlichen Denkens und Wirkens.

Immerhin, man wollte den Schwarzwald nicht einfach der Verkarstung preis geben – oder ehrlicher gesagt, ihn weiterhin wirtschaftlich nutzen können: er wurde aufgeforstet!

Dabei setzte man auf die schnell wachsende und daher früher Ertrag bringende Fichte, die heute die Wälder mit über 70 Prozent Fichtenanteil (früher waren es fünf Prozent) dominieren.

Die wirtschaftliche Idee der Fichtenwälder hielt allerdings ökologischen und schließlich auch ökonomischen Ansprüchen nicht Stand. In den dunklen, kurzlebigen (Holzernte nach 80 bis 100 Jahren) Fichtenwäldern fühlen sich viele charakteristische Tier- und Pflanzenarten des Schwarzwaldes nicht heimisch, und ökonomisch gesehen werden reine Fichtenwälder zu einem Vabanquespiel, wenn die Flachwurzler den Stürmen oder dem Borkenkäfer zum Opfer fallen.

Die heutige Forstwirtschaft setzt auf naturnahen Mischwald; Ökologie und Ökonomie sollen sich ergänzen. Wieder spiegelt der Wald das Denken und Handeln der menschlichen Gesellschaft wider. Was kommt als Nächstes?

Grindenbegegnung

Er kannte diese Bergregion wie seine Hosentasche. Seit Jahren war er nun schon hier oben unterwegs, beinahe Tag für Tag. Er kannte alle windgeschützten Plätze, um sich vor dem eisigen Westwind zu verstecken, kannte die besten Felsüberhänge, die auch bei stärkstem Regen noch ein trockenes Plätzchen boten, und er wusste selbstverständlich, wo die besten Heidelbeeren, Preiselbeeren und Pilze wuchsen. Oft saß er wie heute stundenlang hoch über dem Buhlbachsee auf dem schmalen Felsband, schaute in das tiefe Schwarz des Sees hinunter oder ließ seinen Blick über das endlos scheinende Waldmeer des Nordschwarzwaldes schweifen. Hinter sich wusste er die große Rinderherde der Baiersbronner Bauern, die ihm anvertraut war. Bis zum Bauch standen die kleinen Hinterwälder Rinder im saftigen Bocksergras und ließen sich das derbe, aber eiweißreiche Pfeifengras und die borstige Rasenbinse schmecken. Heute allerdings blickte er häufiger als sonst zu den Rindern hinüber. Schon seit Tagen erschien ihm die Herde unruhig, und auch jetzt hob Balda, die Leitkuh, wieder ihren Kopf, streckte den Hals nach vorne und oben, um mit weit aufgeblasenen Nasenlöchern die Umgebungsluft zu prüfen. Lange blieb sie so stehen und animierte dadurch andere Kühe, ihrem Beispiel zu folgen. Endlich senkte sie ihren Kopf wieder. Ihre raue Zunge legte sich um einen Grasbüschel, den sie laut vernehmlich abrupfte und zufrieden kaute.

Es lag was in der Luft. Dessen war er sich sicher. Er nahm sich vor, noch mehr als sonst aufzupassen. Jede seiner Schützlinge war ihm wichtig und ans Herz gewachsen – aber in den nächsten Tagen waren die ersten Kühe so weit, dass sie kalben konnten. Da hieß es umso

mehr, auf Luchs und Wolf zu achten. Und noch etwas war ihm wichtig, schließlich hatte er einen guten Ruf zu verlieren. Seit vielen Jahren war er nun schon der Baiersbronner Rinderhirte auf den Grinden – wie viele Jahre wusste er nicht genau, länger jedenfalls, als der Viehhirte des Klosters Allerheiligen und der junge Hirte aus dem Achertal – und so galt er als unumstrittener Herr der Bockserflächen zwischen Kniebis und Hornisgrinde. Selbst die Jäger kamen immer häufiger zu ihm herauf, um bei ihm nach Rat zu fragen. Wie wird das Wetter? Wo sind Reh und Hirsch? Und stimmt es, dass sich wieder ein Bär in der Gegend aufhalten soll?

Immer wieder kam diese Bärengeschichte auf und wurde von Hof zu Hof durch das Tal getragen. Jeder wollte ihn gesehen haben und hängte noch ein „Erlebnis" mehr an diese Bärengeschichte. Er selbst glaubte an dieses Märchen schon lange nicht mehr. Als er noch ein Kind war, hatte ihm sein Großvater schon vom Bären erzählt und kurz vor seinem Tode hatte er ihm anvertraut, dass es keine Bären mehr gäbe. Ihm glaubte er. Von ihm hatte er alles Wichtige des Lebens gelernt. Mit ihm war er schon als kleiner Junge täglich

unterwegs gewesen, bei ihm ging er in die „Schule", in die „Lehre" und machte seinen „Meister" – schließlich war sein Großvater auch schon hier oben Hirte gewesen. Seinen Vater hatte er nie kennen gelernt. Wie er von seinem Großvater wusste, starb sein Vater im Krieg des Türkenlouis (1677–1707) irgendwo auf dem Balkan. Voll Euphorie und Stolz sei er wohl ins Regiment des Markgraf Ludwig Wilhelm von Baden eingetreten, als der nach Wien zog, um das christliche Abendland gegen die Türken zu verteidigen. Stolz, Ehre, Ruhm – es blieb nur der Tod!

Seine alte Pfeife war ausgegangen. Vorsichtig nahm er sie aus dem Mundwinkel, um nicht an seinem letzten Schneidezahn anzustoßen. Auch der war schon längst faul und schmerzte seit Wochen. Beim Aufstehen schob er die Pfeife in seine alte, speckige Ledertasche, rieb sich seinen rheumageplagten Rücken und zog seine Jacke fester um sich. Ihn fröstelte. Es war Mitte August – Hochsommer auf den Grinden –, aber wenn die Sonne sich anschickte, hinter den Vogesen unter zu gehen, das zarte Abendrot sich über den Himmel ausbreitete, um schließlich in ein sanftes

Dämmerlicht überzugehen, wurde es merklich kühler. Wie Schattenrisse standen jetzt seine Kühe gegen den orangeroten Abendhimmel und waren nur noch schwer von den Latschenbüschen zu unterscheiden. Er fluchte leise vor sich hin. Hatte er nicht schon im letzten Jahr den Baiersbronner Bauern vorgeschlagen, die Weideflächen mal wieder abzubrennen? Frisches, kräftiges Gras würde dann wachsen – und er hätte seine Kühe viel besser im Blick, wenn die aufkommenden Büsche niedergebrannt worden wären.

Mit zwei, drei geschmeidigen und kräftigen Schritten, die man dem alten, krummen Mann gar nicht zugetraut hätte, stieg er auf einen Felsblock, um sich einen besseren Überblick verschaffen zu können. Wieder hatte Balda ihre große feuchte Nase nach oben gestreckt und ließ ihr warnendes Muhen hören. Er spähte angestrengt in die Richtung, in die auch Balda witterte, ohne etwas sehen oder erkennen zu können. Sein Augenlicht war seit Jahren stetig schlechter geworden, und so sehr er sich auch mühte, die Augen zusammenkniff und sein faltiges Gesicht noch mehr in Falten legte, er konnte nichts erkennen.

Wieder fluchte er – dieses Mal auf seine alten Augen –, als ihm der Fluch im Hals stecken blieb. Für das, was sich jetzt abspielte, brauchte er keine guten Augen, das kannte er zu gut. Urplötzlich war Bewegung in die Herde gekommen. Wild springend, fast galoppierend, stürzten die Rinder aufeinander zu, bildeten einen Halbkreis und stampften, von Balda angeführt, Leib an Leib, mit gesenkten Köpfen, die langen, spitzen Hörner zum Stoß bereit in die ihm entgegengesetzte Richtung.

Nur für einen kurzen Moment lähmte ihn der Schreck. Dann umfasste seine Hand den Hirtenstab mit festem Griff und im Bogen rannte er um seine Herde. Er rannte, stolperte, stürzte, raffte sich auf, rannte, stolperte weiter. Er ahnte die Baumstümpfe, Steine und Bulten mehr als er sie sah, hörte nicht das Rasseln seines Atems und spürte kaum den stechenden Schmerz in den Lungen. Er wollte vor Balda am Waldrand sein, als sich plötzlich ein Bär unweit vor ihm aufrichtete und er entsetzt in sein weit aufgerissenes Maul starrte ...

Bär, Wolf und Luchs

Noch im 16. Jahrhundert zogen einzelne Bären durch den Schwarzwald, und 1585 wurde der „letzte Schwarzwälder" in Nagold erlegt. Ca. 150 Jahre später tauchten wieder einzelne Tiere auf – vermutlich waren sie von den Vogesen zum Schwarzwald übergewechselt –, jedenfalls wurden 1740 in Schapbach und Forbach die zwei letzen Bären im Schwarzwald geschossen. Wolf und Luchs mögen noch einige Jahre länger der Schreck der Hirten gewesen sein, bis auch sie von den Jägern ausgerottet worden waren (der letzte Luchs wurde 1750, der letzte Wolf 1789 in Herrenwies geschossen). Der Grund für die Ausrottung dieser Großsäuger war sicherlich in der Gefahr für die Weidetiere zu suchen, aber auch in der Konkurrenzangst der zumeist adligen Jäger vor diesen perfekten Mitjägern.

Heute zeugen nur noch Gewann-Namen davon, dass diese großartigen Saugetiere einst die Herrscher des Schwarzwaldes gewesen sind: Bärenteich, Wolfsbrunnen, Katzenkopf.

Aber wer weiß. Vielleicht sind sie doch noch in unseren Wäldern, jagen heimlich und beobachten uns und unser merkwürdiges Verhalten. Der Luchs jedenfalls hat auf leisen Pfoten in den Schwarzwald zurückgefunden. Leise, versteckt, heimlich – ungefährlich. Eine Freude, ihn wieder hier zu wissen.

Beweidung damals und heute

Viel größere Sorge als die Raubtiere bereitete den Bauern und ihren Hirten sicherlich das raue Klima auf den Schwarzwaldhöhen und die damit verbundenen Krankheiten, die ihren Weidetieren zusetzten. Nur äußerst zähe und robuste Rinderrassen waren für die Grindenbeweidung geeignet, und so ist es nicht verwunderlich, dass das Hinterwälder Rind im Schwarzwald eine uralte Tradition hat. Sein relativ geringes Gewicht (ca. 400 kg bei einer ausgewachsenen Kuh), seine Leichtfüßigkeit ebenso wie sein gedrungener, muskelbepackter Körper macht es äußerst geländegängig, und mit seinen weit ausladenden, nach vorne gebogenen Hörnern ist es zudem noch wehrhaft. Kälte und Regen waren schließlich über Jahrzehnte und Jahrhunderte ein harter Zuchtmeister, so dass stets die größte Robustheit und Gesundheit weiter vererbt wurde.

So ist es kein Wunder, dass auch heute wieder Hinterwälder Rinder gelassen im strömenden Regen auf dem Schliffkopf stehen, sich das Bocksergras schmecken lassen, von Waldbäumen geschützt auch beim heftigsten Gewitter zufrieden den Inhalt ihres gefüllten Pansens wiederkäuen, und die Kühe hier oben – wie schon vor über 500 Jahren – ihre Kälber ohne ärztlichen Beistand zur Welt bringen.

Ein kleines Wunder ist es eher, dass hier oben überhaupt wieder beweidet wird. Denn Mitte des 19. Jahrhunderts wurde die Beweidung nach und nach eingestellt. Die Entdeckung des Kunstdüngers erlaubte ertragreichere Landwirtschaft in den Tälern und ermöglichte die Stallhaltung. Große, schwere Hochleistungskühe wurden gezüchtet, und das Hinterwälder Rind geriet in Vergessenheit. Die offenen Hochlagen wurden der Verbuschung anheim gestellt oder aufgeforstet.

Erst 1997 wurde im Naturschutzgebiet „Schliffkopf" wieder eine Rinderweide eingerichtet. Damals als Versuch, das Offenhalten der letzten Grindenflächen möglichst ökonomisch zu erreichen. Heute gehören die Hinterwälder Rinder wieder zum gewohnten Landschaftsbild.

Große Unterstützung bekommen die Hinterwälder Rinder außerdem von Schafen. Aber nicht von irgendwelchen. Auch hier sind es Rassen, die mit rauem Klima und dem kargen Futter auskommen können: Coburger Füchse und graugehörnte Heidschnucken teilen sich über 100 Hektar Grinden zwischen Kniebis und Unterstmatt.

Grindenleben

Grindensommer

Juli/August. Schwülheiß, träge und schweißtreibend haben sich die Hundstage über das Land gelegt. In der Rheinebene zeigt das Thermometer über 35 Grad im Schatten, und selbst am Baggersee ist es um die Mittagszeit unerträglich heiß. Nur die unverbesserlichen Sonnensüchtigen genießen immer noch die Hitze. Wer kann, flüchtet in den wohltuenden Schatten eines Baumes oder bleibt in kühlen, abgedunkelten Räumen. Noch lange, nachdem der glutrote Sonnenball sich hinter den Vogesen verabschiedet hat, steht die warme Luft schwer und verbraucht zwischen den Häusern der Städte.

94

Welch einen Unterschied bietet dazu der Hochsommer auf den Grinden! Angenehm weht der kühle Wind über die Bergheiden, und die klare Luft riecht würzig nach Sommer. Die schwarzbraunen Ähren des hüfthohen Pfeifengrases wiegen sich sacht und bilden in ihrer Gesamtheit sanfte Wellen, die über das samtige Grünbraun der Bergheiden hinwegziehen.

Wenn man es nicht besser wüsste, könnte man meinen, man hätte einen großen Sprung vom Schwarzwald hinauf nach Skandinavien getan. Ausgedehnte Bergheiden mit Heidelbeeren, Rauschbeeren, Preiselbeeren, mit Heidekraut, Pfeifengras und Rasenbinse überspannen die flachbuckligen Bergrücken. Dazwischen einzelne Bergkiefern, die sich an manchen Stellen zu großen Latschengebüschen vereinigt haben oder schier undurchdringliche Latschenfelder bilden.

Oft wachsen die Gräser und Büsche auf Bulten, kleinen, 20 bis 30 cm hohen Bodenerhebungen, die von wasserführenden Vertiefungen, den Schlenken, umgeben sind. Wollgras, Torfmoose und Libellen nützen die nassen Stellen, und selbst in der niederschlagsarmen Zeit schwankt und schmatzt der wasserdurch- tränkte, schwarze Moorboden bei jedem Schritt. Wer Norwegen kennt, fühlt sich jetzt auf eine Wan- derung ins Dovrefjell versetzt. Nur das unbarmherzige Heer von Myri- aden von Stechmücken, das den Skandinavienwanderer zur Ver- zweiflung bringen kann, ist hier im Nordschwarzwald auf ein erträgli- ches Maß reduziert. In der Ferne über dem Latschengebüsch schwirrt und zittert die warme Luft, als ob dort Tausende kleiner Insekten tan- zen würden. Meist sind es nur die täuschenden Bilder der aufsteigen- den Warmluft, aber hier und da sind tatsächlich auch große Mü- ckenschwärme unterwegs auf ihrem Hochzeitsflug.

Im August zeigen die Blüten des Heidekrauts ihr erstes, zartes Rosarot und locken Schwebfliegen, Schmetterlinge, Käfer und viele andere Insekten an ihre Blütenstände. Von den tiefblauen Früchten der Heidelbeeren nascht beinahe jeder, der an den süßen und wohlschmeckenden Früchten vorbeikommt oder vorbeifliegt. Für viele Mäuse, Gartenschläfer und Auerhühner ist es aber mehr als nur ein Naschen, denn sie ernähren sich im Sommer überwiegend von diesen Früchten.

Überlebenskünstler

Wer es über den Winter nicht den Zugvögeln gleich tut und in den warmen Süden fliegt, muss sich sehr gute Strategien einfallen lassen, um diese ungastliche Zeit hier oben überstehen zu können. Ausgiebig schlafen ist eine dieser Strategien. In Erdhöhlen oder unter Baumwurzeln haben sich Gartenschläfer in frostsichere Tiefen zurückgezogen und schlafen. Schlafen von Oktober bis April – sechs, sieben Monate lang. Um möglichst wenig Energie zu verbrauchen, passen sie ihre Körpertemperatur der Umgebungstemperatur an und senken dramatisch die Zahl der Herzschläge und Atemzüge. Starr und scheinbar leblos warten sie so auf wärmere Zeiten.

Starr und leblos erscheint auch das Knäuel von 10, 15 oder mehr Kreuzottern in ihren frostsicheren Felsspalten oder tief unter Steinhaufen. Um die lange Winterstarre überleben zu können, muss der Darm der Tiere komplett geleert sein. Ab Oktober herrscht deshalb bei den Kreuzottern Nulldiät!

Ob Gartenschläfer oder Kreuzotter, im sicheren Schlafplatz schert es die Tiere nicht, wenn Winterstürme über die Grinden fegen und tagelanger Schneefall Gräser, Büsche und Bäume unter meterhohen Schneemassen begräbt. Das Eichhörnchen sitzt währenddessen schläfrig in seinem Kobel und wartet, bis der Sturm nachlässt. Um Nahrung macht es sich wenig Sorgen. Schließlich hat es im Herbst genug Leckereien versteckt und Nadelbäume mit reichlich Zapfen ausgekundschaftet. Auch andere haben sich Nahrungsvorräte angelegt. Der nur handflächengroße Raufußkauz und sein noch etwas kleinerer Kollege, der Sperlingskauz, folgen im Winter nicht dem Waldkauz in die Täler hinunter, wo die Aussicht auf eine erfolgreiche Mäusejagd größer ist. Sie bleiben auf den Bergeshöhen.

Was aber fressen, wenn die Mäuse sich unter dem Schnee verstecken? Sicherlich, immer wieder gelingt es ihnen, am späten Nachmittag oder in der Dämmerung unachtsame Singvögel zu schlagen. Allerdings wäre der Winter für sie ohne ihre „Tiefkühltruhen" eine harte Zeit. Im Oktober, wenn die Mäusepopulation auf den Grinden ihr Maximum erreicht hat und die Kleinkäuze in kurzer Zeit viele Mäuse fangen können, verstecken sie ihre Beute in Baumhöhlen, Astlöchern oder hinter abplatzender Rinde abgestorbener Bäume. Dann kann der Schnee kommen. Wenn der Jagderfolg ausbleibt, holen die Käuze die tiefgefrorenen Mäuse aus ihren Verstecken hervor und tauen sie im Brustgefieder mit der Strahlungswärme ihres Körpers wieder auf. Tiefkühlkost und Mikrowelle sind demnach uralte Erfindungen – längst bevor sie der Mensch für die Fastfood-Küche entdeckt hat.

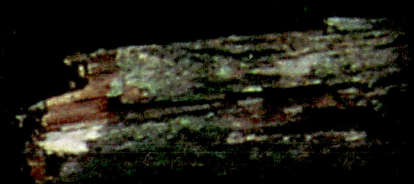

Zeit des Hungers

Für die meisten Tiere herrscht im Winter allerdings die Zeit des Hungers. Wer aber kann sich lange Hunger leisten, wenn dringend Energie benötigt wird, um sich bei Temperaturen unter dem Gefrierpunkt warm zu halten?

Der Dachs? – Ja! Der zehrt noch lange von seinem Winterspeck, den er sich im Herbst angefressen hat. Reh und Hirsch? Die können sich keinen Winterspeck erlauben. Sie müssen auch im Winter leichtfüßig sein, um bei Gefahr schnell flüchten zu können. Wenn die ersten langen und ausgiebigen Schneefälle einsetzen, machen sie sich auf ihre Wanderung weiter hinunter in die Täler. Meist folgen sie den Bachläufen. Unter dem Schnee suchen sie Knospen und Blätter von Himbeeren und Brombeeren oder knabbern an jungen Tannentrieben. Ihre Devise heißt aber auch Energiesparen. So stehen sie oft stundenlang wiederkäuend, aber sonst regungslos, in windgeschützten Plätzen und hoffen, nicht gestört oder zur energiezehrenden Flucht gezwungen zu werden.

Für den Fuchs wird der Hunger im Winter zum ständigen Begleiter. Mit knurrendem Magen schnürt er durch sein verschneites Revier, kontrolliert um Baumstümpfe, unter Gebüschen und an umgestürzten Wurzeltellern, wo er unter dem Schnee erfolgversprechende Mauslöcher weiß. Aber nur selten verirrt sich eine Maus an die Schneeoberfläche. Warum auch. Hat sie doch ihre Gänge unter dem Schnee angelegt und kann so gut geschützt ihre Nahrungsdepots aufsuchen.

Auch die Hasenjagd ist im Winter für den Fuchs mühsam. Meister Lampe kommt im Tiefschnee mit seinen großen Pfoten bestens zurecht. Außerdem trifft ihn der Hunger weniger hart. Schließlich ermöglicht ihm der hohe Schnee, die Knospen von Weiden, Ebereschen, Birken und Buchen zu erreichen.

Was also bleibt dem Fuchs? Zum einen die Hilfe des Zufalls: kranke, geschwächte oder tote Tiere. Zum anderen seine sprichwörtliche Schläue: er kontrolliert Gärten und Kompostanlagen, Parkplätze und Mülltonnen. Irgendetwas Fressbares lässt sich da meistens finden.

Der weiße Tod

Während sich der eine Hilfe beim Menschen holt, kann für den anderen der Mensch zur tödlichen Gefahr werden. Denn auch für die Auerhühner wird der Winter zum Nahrungsengpass. Wenn die Heidelbeersträucher vom Schnee bedeckt sind, stellen die großen Hühnervögel auf ihre Winternahrung um. Sie fressen fast nur noch die Nadeln der Latschenkiefern oder anderer Nadelbäume. Eigentlich eine sehr sinnvolle Anpassung, denn dieses „Nadelfutter" ist den gesamten Winter über in stets ausreichender Menge verfügbar. Allerdings sind die Nadeln so nährstoffarm, dass die Auerhühner gezwungen sind, den ganzen Tag über diese „Winterdiät" zu sich zu nehmen. Jede Unterbrechung der Nahrungsaufnahme führt zu Energieverlust, und jede Störung der Tiere führt zur Unterbrechung der Nahrungsaufnahme.

So mancher naturverbundene Skifahrer oder Schneeschuhgeher, der die ungestörte, unberührte Winterlandschaft für sich erleben und abseits der Wege, Pisten und Loipen die Natur entdecken möchte, kreuzt dabei die Wintereinstandsgebiete der Auerhühner. Oft unwissentlich und ohne selbst die scheuen Hühnervögel zu sehen, hindert er sie an der Nahrungsaufnahme. Folgt dann eine kalte, energiezehrende Winternacht, kann das tödliche Folgen für die Tiere haben.

108

Winter als Schlaraffenland

Da haben es die Fichtenkreuzschnäbel viel leichter. Schon im Winter, aber spätestens im zeitigen Frühjahr, tut sich ihnen ein Schlaraffenland auf, wenn Bergkiefern, Tannen und Fichten reichlich Zapfen tragen. Denn Ende des Winters werden die Baumsamen in den Zapfen reif, schließlich ist für die Bäume bald die beste Zeit, sich auszusäen. Noch aber sind die Samen zwischen den Zapfenschuppen gut verborgen, versteckt und geschützt vor emsigen Vögeln und hungrigen Nagern. Dies gilt allerdings nicht für den Fichtenkreuzschnabel. Geschickt setzt er seine gekreuzte Schnabelspitze zwischen die Schuppen des Zapfens, hebt die Schuppen an und holt sich mit der Zunge den begehrten Samen. Die üppige und energiereiche Kost erlaubt den Vögeln etwas Einzigartiges: Sie brüten im Winter! Zu einer Zeit also, in der andere Vögel nur mit Mühe unter Eis und Schnee Futter finden, zu einer Zeit, in der ihre „Zugvogel-Kollegen" noch irgendwo über Afrika in Richtung Europa unterwegs sind.

110

Frühjahrskonzert

Ende März, Anfang April können die Nächte auf den Grinden noch empfindlich kalt sein. Tagsüber zeigt die Sonne aber, was sie schon kann. Der Schnee wird weich, nass, sulzig. Schon lange ist er nicht mehr weiß, sondern schmutzig grau, übersät mit gelben Nadeln, Ästen, Flechten, Samen – eben allem, was Sturm und Schneeschmelze von den Bäumen geputzt hat. Die ersten Grindenflächen sind aper, so dass zwischen dem alten, vergänglichen Weiß immer mehr das Graubraune, Stumpfgelbe des abgestorbenen Bocksergrases zum Vorschein kommt. Jetzt gehören die ersten Morgenstunden den Singvögeln. Rotkehlchen, Heckenbraunelle und Fitis; Rotschwänzchen, Tannenmeise und Zilpzalp; Buchfink, Ringdrossel und Kohlmeise; Zaunkönig, Wacholderdrossel und Amsel – jeder übertrifft den anderen. In ihrer Gesamtheit bilden sie ein lautstarkes Konzert aus vielfältigen Tremolos und Trillern, begleitet vom trommelnden Hämmern der Spechte. Die Ornithologen erklären mit gewichtigen Worten Funktion und Bedeutung von Balz- und Reviergesängen – für den Naturfreund ist es Ausdruck der reinen Lebenslust.

Hahnenbalz

Noch hält uns die Nacht umschlossen. Es ist windstill, und die gedämpften Geräusche des schlafenden Waldes erreichen ungestört unsere Ohren. Noch scheint der Lärm der Zivilisation ausgesperrt, keine Flugzeuge, keine Motorräder, keine Autos. Hier und da ein verhaltenes Knacken, ein Rascheln, das hohe Fiepen einer Maus und das gleichbleibende Gurgeln und Gluckern des Schmelzwassers. Im fahlen Mondlicht leuchten die letzten Schneereste schemenhaft, ansonsten verschluckt das nächtliche Grauschwarz Bäume und Büsche und macht den Waldboden zu einem matten Einerlei. Regungslos und still kauern wir auf dem Hochsitz. Obwohl wir mit gefütterten Jacken, Handschuhen und Mützen ausgestattet sind, kriecht langsam die feuchte, frühmorgendliche Kälte unter die Haut. Jetzt aufstehen und einige Schritte gehen können, täte gut. Aber wir bleiben wie erstarrt, versuchen, mit dem farblosen Wald zu verschmelzen.

Der alte Mann neben mir hat die Augen geschlossen. Ich weiß aber, dass er hellwach ist. Angespannt und konzentriert lauscht er in die Dunkelheit. Jedes Geräusch versucht er aufzunehmen, zu deuten. War das nicht das gleichbleibende Pfeifen des Sperlingskauzes, das Quarren einer vorbeifliegenden Schnepfe oder schon die ersten schüchternen Rufe eines im Schlaf gestörten Rotkehlchens? Jede Vogelstimme ist ihm bekannt wie vielleicht keinem anderen. Schon in seiner Kindheit hat er keine Minute ausgelassen, um das Pfeifen, Rufen und Zwitschern der Vögel zu lernen, zu unterscheiden, nachzuahmen. In seinem Gedächtnis sind alle Vogellaute klar und deutlich abgespeichert, jederzeit abrufbar wie bei einem Musiker die bekanntesten Werke von Beethoven oder Mozart. Noch vor wenigen Jahren war es ihm ein Leichtes, aus einem Konzert von 10 oder

20 Vögeln jede Vogelart zu benennen. Selbst das hohe und zurückhaltende Pfeifen des Goldhähnchens blieb ihm nicht verborgen. Wie stümperhaft und unfähig sind dagegen meine Ohren. Während meines Studiums durfte ich ihn auf viele Exkursionen begleiten. Fasziniert lauschte ich auf die vielfältigen Gesänge von Amsel, Sing- und Wacholderdrossel, versuchte, mir das Flöten der Grasmücken einzuprägen oder übte mich in der Unterscheidung des Hämmerns von Bunt- und Schwarzspecht. Wie hoffnungslos. Meistens bis zur nächsten Exkursion, auf jeden Fall aber bis zum nächsten Frühjahr war wieder alles vergessen.

Trotzdem waren diese Exkursionen für mich großartige Erlebnisse, und vieles von meinem ökologischen Wissen habe ich ihm zu verdanken. Mehr noch. Die Liebe zur Natur und vielleicht auch meinen Beruf, der es mir erlaubt, mich für den Schutz der Natur zu engagieren.

Heute bin ich auf jeden Fall stolz, meinen Lehrer von einst neben mir zu haben. Die Zeit der gemeinsamen Exkursionen liegt schon weit zurück, und heute bin ich es, der die Exkursion führt, der ihn zur wissenschaftlichen Zählung balzender Auerhähne eingeladen hat.

Wir lauschen angestrengt und warten auf das erste kehlige „Wurgen" der Auerhähne mit dem sie die letzen Augenblicke der Nacht verabschieden und das Morgengrauen begrüßen.

Da! Und wieder Stille. Dann nochmals. Und wieder. Ich warte auf das bestätigende Fingerheben meines alten Freundes, warte auf sein wissendes und in eine Richtung deutendes Nicken, wie ich es früher viele Male bei ihm erlebt hatte. Aber seine Augen bleiben geschlossen, seine Gesichtszüge konzentriert, lauschend. Obwohl ich jetzt schon die ersten knackenden Balzlaute,

ja sogar den Hauptschlag, den
„Plopp des entweichenden Sektkor-
kens", deutlich vernommen habe,
traue ich mich nicht, ihn zu berühren, um ihn auf das Gehörte auf-
merksam zu machen. Ich weiß, dass
er vor zwei Jahren einen Gehör-
sturz erlitten hatte und seither sein
Hörvermögen deutlich einge-
schränkt ist. Selbst das moderne
Hörgerät hilft ihm nur unzurei-
chend, um wie früher in das Konzert der Vögel einzutauchen.
Was für ein Verlust muss das für
ihn bedeuten – einen stillen Wald
zu hören und gleichzeitig genau zu
wissen, wie sich jetzt die Balzstrophen der Auerhähne anhören, zu
wissen, dass jetzt mit dem Schwin-
den des nächtlichen Schleiers und
dem ersten fahlen Licht die Rotkehlchen das Konzert der Singvögel
beginnen, die Drosseln schwermü-
tig und melodisch einfallen, schließlich der kleine Zaunkönig lautstark
schmettert ...
Endlich, er öffnet die Augen, seine
Gesichtszüge werden entspannter,
ein kurzes Nicken.
Ganz allmählich kehrt die Farbe in
den Wald zurück. Die grauschwar-
zen Nadelbäume der Nacht erhalten ihr mattes Grün, der Waldboden erdige Brauntöne, und von Minute zu Minute lassen sich die Kon-
turen des Waldes besser ausma-
chen. Mit langsamen Bewegungen
nehmen wir unsere Ferngläser zur
Hand und suchen, in der Richtung,
wo wir die Auerhähne vermuten,
die Bäume nach ihnen ab. Auf einer
Kiefer sitzt einer der mächtigen Vögel. Hals und Kopf hat er nach
oben gereckt und die Schwanzfe-
dern zu einem großen Fächer aufge-
richtet. Knack, Knack, Knack –
Plopp –, dann wetzende Schleiftö-
ne, wieder Knack, Knack, Knack –
Plopp –, unermüdlich wiederholt er
seine Balzstrophen, schneller und
lauter werdend. Immerhin drei weitere Hähne konkurrieren mit ihm –
sehen können wir sie leider nicht,

dafür aber gut hören. Plötzliches
Flügelschlagen. Der erste Hahn verlässt seinen Baum und fliegt auf den
Boden. Jetzt beginnt ein majestäti-
sches Schauspiel. Mit kreisenden,
trippelnden Tanzschritten, großem
Schwanzfächer und nach oben ge-
richtetem Hals und Kopf versucht
der Hahn den anderen Hähnen und
natürlich auch Hennen, die sich irgendwo in der Nähe befinden, zu
imponieren. Ein zweiter Hahn
kommt hinzu. Gleiche Haltung,
gleiche, aufgeregte Balzlaute. Beide
halten die Flügel vom Körper abge-
spreizt und schleifen die Schwungfe-
dern auf dem Boden, bis sie ab-
wechselnd mit flatternden Flügeln
in die Höhe springen. Einige Meter
entfernt taucht ein dritter Hahn auf
dem Balzplatz auf und reiht sich in
den Balztanz ein.
Die Balz ist in vollem Gange, als die
Hähne, wie auf ein geheimes Zeichen hin, abbrechen. Stille. Und im
nächsten Augenblick verschwinden
sie im Unterholz. Aufgeregt, laut
und krächzend warnt in nächster
Nähe ein Tannenhäher. Auch Sing-
drosseln zetern und schimpfen. Irgendetwas bewegt sich durch den
Wald und treibt wie eine unsichtba-
re Bugwelle die warnenden Vögel
vor sich her. Ist es ein Marder, ein
Fuchs oder ein Habicht? Wir spähen
mit den Ferngläsern, und ich weiß
nicht, ob meine Gänsehaut und
mein Zittern von der plötzlichen
Aufregung oder der Kälte herrüh-
ren. Ein Hirsch! Langsam, nach allen Seiten sichernd, dann wieder an
frischen Trieben äsend, marschiert
er über den Balzplatz. Ohne Eile.
Er weiß, dass ihm nur einer gefährlich werden kann, der Mensch. Aber
uns hat er nicht in seiner Nase.
20 Minuten lang beherrscht er die
Szenerie und hält uns in seinem
Bann. Die ersten Sonnenstrahlen
haben die Baumwipfel schon er-
fasst, als er mit gemächlichen, wür-
devollen Schritten aus unserem
Sichtfeld verschwindet.

117

Wir sitzen noch lange auf unserem Hochsitz, aber die Hähne nehmen ihre Balz nicht wieder auf. Wir sind nicht enttäuscht darüber, im Gegenteil. Viel zu beeindruckend war das Schauspiel, das uns der Hirsch mit seinem Besuch geboten hat. Zufrieden genießen wir die Sonne, die uns jetzt wärmend erreicht hat und die erste Hummel auf ihrem Flug begleitet. Verführerisch langen ihre Strahlen zwischen den Bäumen hindurch – der junge Frühlingstag übt im Wald seine Licht- und Schattenspiele. Es ließe sich hier noch stundenlang sitzen, beobachten, träumen ... – wäre da nicht der aufbrandende Lärm der Fahrzeuge auf der Schwarzwaldhochstraße, der mich daran erinnert, dass der vor mir liegende Tag mit viel Arbeit auf mich wartet.

Zwei Tage später erreicht mich eine E-Mail meines alten Lehrers. Mit lieben Worten bedankt er sich für das großartige, frühmorgendliche Walderlebnis. Im Anhang hat er mir außerdem alle Vogelarten aufgelistet, die er an diesem Morgen bestimmt hat. Und wie schon so oft, gelingt es ihm wieder einmal, mich zu verblüffen: Seine Liste umfasst weit mehr Arten, als ich gezählt habe. Für einen Augenblick überlege ich, ob er die Vögel nur mit seinem „inneren Ohr" erahnt oder ob er sie tatsächlich gehört hat. Es ist nur ein kurzer Augenblick des Zweifels. Dankbar nehme ich seine Liste in die wissenschaftliche Zählung auf, voll Vertrauen auf sein Können.

118

Wärmeinseln

Wie entscheidend wenige Höhen-
meter sein können. Oben auf den
Grinden sind der alte Winter und
der junge, ungestüme Frühling noch
im zähen Ringen miteinander, weiter unten, an den südwestexponier-
ten Hängen des Karlsruher Grates,
hat der Frühling dagegen schon
längst Einzug gehalten. Über den
Felsen und den Steinschutthalden
flirrt die warme Luft und Heuschrecken, Käfer und Schmetterlinge genießen die Wärmeinsel im
sonst kühlen Grindenschwarzwald.

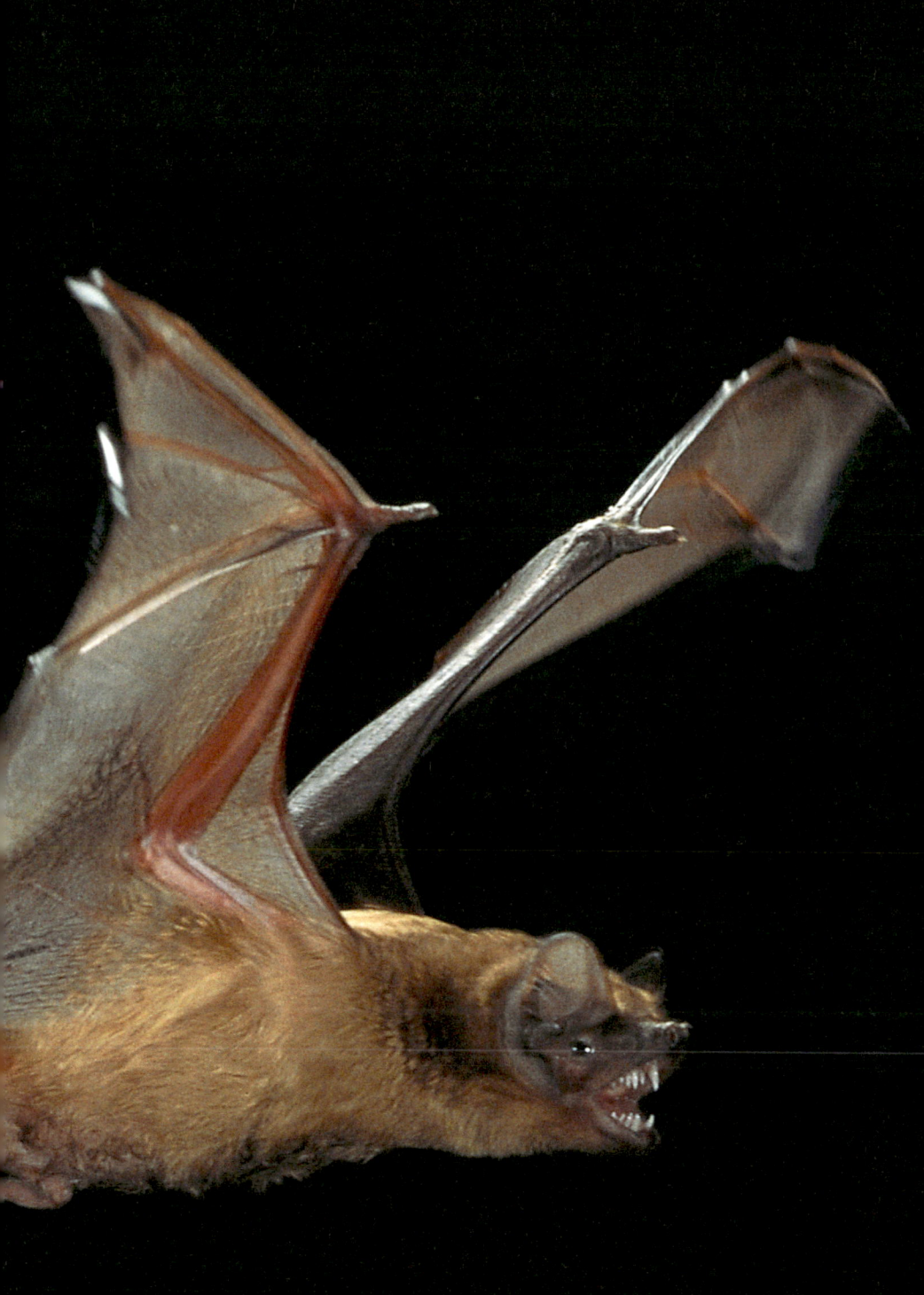

Jäger der Nacht

Nachts geben die Felsen langsam ihre Wärme wieder ab, die sie tagsüber aufgenommen haben, und in der Warmluftblase über dem Karlsruher Grat finden sich jetzt viele nachtaktive Insekten ein. Das wissen natürlich auch die Fledermäuse, die hier ein lohnendes Jagdrevier gefunden haben. Für das menschliche Ohr lautlos, jagen sie mit ständigen Ortungsrufen im Ultraschallbereich den Nachtinsekten hinterher. Dabei vollbringen die Fledermäuse Höchstleistungen. Treffen die Ultraschalllaute auf Hindernisse oder Beutetiere, werden Echos zurückgeworfen. Noch so feine Unterschiede in Stärke, Richtung und Tonfrequenz nehmen die Fledermausohren auf und liefern den nächtlichen Jägern ein perfektes, dreidimensionales Bild ihres Flugraumes. Man sollte meinen, dass da den Nachtfaltern, Motten und Kohlschnaken keine Chance bleibt und sie der Hightech-Ausrüstung der Fledermäuse hilflos ausgeliefert sind. Weit gefehlt. Das ständige Spiel der Evolution findet immer wieder neue Wege der Anpassung. Einige der nachtaktiven Insekten können die Ortungsrufe ihrer Jäger hören, und blitzschnell lassen sie sich dann zu Boden fallen.

Wenn das Jahr weiter vorrückt, die Grinden im frischen, frühlingshaften Grün stehen, und spätestens, wenn im Juni die Hinterwälder Rinder wieder auf ihren Grindenweiden sind, jagen die Fledermäuse auch über den Bergheiden. Die Wasserfledermäuse, Rauhautfledermäuse oder Fransenfledermäuse haben ihre Schlafquartiere ganz in der Nähe, in alten Bäumen der angrenzenden Wälder. In den Monaten Juni und Juli brauchen sie diese Baumhöhlen nicht nur als Schlafplatz, sondern auch als Wochenstuben. Mehrere Weibchen belegen

gemeinsam eine Höhle zur Jungen-
aufzucht. Geräumig, trocken und sicher vor Feinden müssen diese Höhlen sein. Am besten sind dazu alte,
abgestorbene, aber noch stehende
Bäume geeignet, in die der Specht
schon vor Jahren Höhlen gezimmert
hat. Die alten Spechthöhlen faulen,
und es entstehen Klüfte und Spalten
im Bauminneren, in denen sich die
Fledermausmütter mit ihren Jungen
gut verstecken und in typischer Fle-
dermausmanier kopfüber aufhängen
können.
Nicht nur die Fledermäuse sind auf
alte Spechthöhlen angewiesen, Sperlingskauz und Raufußkauz brüten in
den großen, geräumigen Höhlen des
Schwarzspechtes. Kleiber und andere
Singvögel nützen Höhlen mit kleine-
ren Einfluglöchern, wie sie die Bunt-
spechte zimmern. Hummeln und
Wespen sind dagegen weniger wäh-
lerisch. Sie bauen ihre Waben in alle
alten Höhlen, egal, welcher Specht
sie gezimmert hat. Wenn diese kleinen, aber wehrhaften Insekten
Baumhöhlen für sich auserkoren haben, bleiben die größeren Tiere gerne
draußen und suchen sich neue Be-
hausungen. So manches Mal müssen
dann auch insektenfressende Fledermäuse und Gartenschläfer ihre Höhlen diesen Plagegeistern überlassen.

Aus dem Leben der Gartenschläfer

Hier oben in den Nadelwäldern des Nord-schwarzwaldes auf über 800 Meter Höhe hat der Raufußkauz sein Jagdgebiet. Lange sitzt er regungslos auf einem Ast, um seine Beute, einen kleinen, geschickten Kletterer in den Baumkro-nen, auszumachen. Es ist keine Maus, die da ge-rade über dünne Äste balanciert. Dazu ist der Schwanz des Kletterers viel zu buschig. Der kleine Kobold ist ein Gartenschläfer und gehört zur Familie der Bilche, der Schlafmäuse. Überraschend, plötzlich, mit zwei, drei kraft-vollen, aber beinahe lautlosen Flügelschlägen streicht der Kauz von seiner Ansitzwarte ab und stürzt sich auf den Gartenschläfer, der gerade den Stamm der abgestorbenen Fichte herunter-klettern will.

Herzrasen! Die langen Vibrissen, die Barthaare des Gartenschläfers, zittern, und die dunklen Knopfaugen starren gebannt aus dem Astloch in die Nacht. Das ist gerade noch mal gutge-gangen. Ohne die rettende Baumhöhle hätte er nur noch auf seinen Schwanztrick vertrauen können. Gartenschläfer können nämlich, wenn sie von einem Feind am Schwanz gepackt wer-den, ihren Schwanz abwerfen. Allerdings klappt dieser Trick nur einmal, weil der Stummel-schwanz nicht mehr nachwächst.

Die Luft scheint rein. Schnell verlässt er das Astloch, huscht über den Waldboden, um bei einem anderen alten Baumstamm erneut in ei-ner Baumhöhle zu verschwinden. Hier wird er mit heftigem Fiepen empfangen. Sieben junge Gartenschläfer begrüßen überschwänglich ihre Mutter und drängen sich an ihre Zitzen. Aber die Mutter wehrt ab. Immerhin sind die Jungen schon vier Wochen alt, und da geben die Zitzen nicht mehr viel Milch. Die Jungen müssen jetzt lernen, feste Nahrung zu sich zu nehmen. In den letzten Tagen hat die Mutter immer wieder kleine Leckerbissen mitgebracht: Heidelbeeren, Fichtensamen oder Schmetterlingsraupen. Heute steht den Jungen ein großer Tag bevor. Die Mutter hat beschlossen, sie auf ihren ersten Ausflug mit-zunehmen. Die warme Som-mernacht ist ideal für ei-nen kleinen Familien-spaziergang.

Der Größte der Kleinen ist natürlich der Erste. Mutig, wenn auch etwas unsicher, turnt er über die Äste der Mutter hinterher. Ihm folgen drei weitere, und ein viertes dreht sich nach wenigen Augenblicken wieder erschrocken um und flüchtet zurück zur Höhle, wo die zwei Ängstlichsten auf ihn warten.
Interessant und spannend ist es hier draußen. Überall neue Gerüche und Geräusche. Wurde dieser Ast von der Mutter mit Duftstoff markiert? Wie diese Blätter riechen! Oh je, nicht an der glatten Rinde abrutschen – Vorsicht! Zu spät. Schon liegt der Kleine unten und hat zum ersten Mal Bekanntschaft mit den harten Steinen gemacht. Das Moos daneben ist dafür herrlich weich. Plötzlich wird er in den Nacken gebissen. Gott sei Dank, es ist die Mutter, die den Absturz des Kleinen beobachtet hat und ihn nun wieder nach oben in die Höhle bringt.

Die nächsten Tage sind nicht nur spannend, sondern auch gefährlich für die jungen Gartenschläfer. Was anfangs im übermütigen Spiel begann, wird in einer Nacht zum tödlichen Ernst, als ein Waldkauz in einem unbedachten Augenblick zwei Junge erbeuten konnte.

Im Alter von sieben bis acht Wochen sind die Jungen mehr oder weniger selbständig. Sie haben gelernt, Raupen, Käfer und Schmetterlinge zu fangen, sie wissen, wo es die süßen Früchte der Heidelbeere gibt, kennen mittlerweile alle Verstecke in der Umgebung und wissen auch, was es heißt, wenn alte Gartenschläfer Warnrufe ausstoßen.
Die Lernphase hat von den jungen Gartenschläfern ihren Tribut gefordert. Von den ehemals sieben Geschwistern sind nur noch vier übriggeblieben. Nur noch selten – und sehr zufällig – schlafen sie tagsüber in der gleichen Höhle. Der Familienverband hat sich aufgelöst, jeder geht seine eigenen Wege.
Mitte September gibt es die ersten kalten Nächte. Die alten Gartenschläfer haben sich schon einen dicken Winterspeck angefressen und werden bald ihre Win-

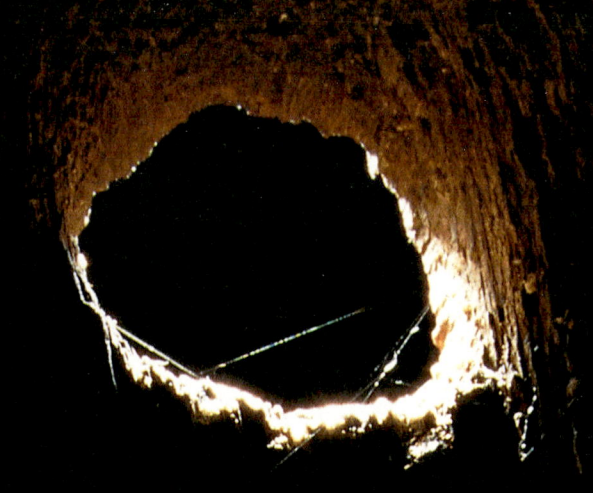

terquartiere aufsuchen. Die Jungen brauchen noch einige Tage, bis sie mindestens 60 g wiegen, um so, mit genügend Fettreserven, den Winterschlaf antreten zu können.

Spätestens Mitte bis Ende Oktober wird es dann ruhig im Gartenschläfer-Revier. Entweder alleine oder zu mehreren zusammengedrängt haben sie sich in möglichst frostfreie Quartiere zurückgezogen. Das können Erdlöcher unter Baumwurzeln sein oder Hohlräume in Geröllhalden oder Felsspalten.

Ende April tauchen die Gartenschläfer im Gebiet wieder auf. Nach fast sieben Monaten Winterschlaf ist der Hunger gewaltig. Das Fell hängt wie ein viel zu großer Mantel schlapp am Körper. Jetzt heißt es Futter suchen. Die Erfahrungen vom Herbst lenken die jungen Gartenschläfer an bekannte Futterplätze. Aber der Tisch ist nicht mehr so reich gedeckt wie im September und Oktober. Keine Früchte, wenig Samen, kaum Insekten. Auch das Auffinden geeigneter Tagesverstecke ist nicht so einfach. Das junge Weibchen darf tagsüber zusammen mit ihrer Mutter in der Wurfhöhle des letzten Jahres schlafen, aber das junge Männchen wird überall aggressiv abgewiesen. Von einer alten Spechthöhle, die es im letzten Herbst gerne aufgesucht hat, hat irgend jemand das Eingangsloch mit Lehm zugekleistert und verkleinert. Trotzdem zwängt sich der junge Gartenschläfer hinein. Er hat ja nicht mehr viel Fett auf den Rippen und passt schließlich durch. Auweia – was für ein wildes Gezeter und Pieksen! Der Kleiber verteidigt mannhaft seine Eier gegen den Eindringling, der Hals über Kopf die Höhle wieder verlässt. Heute bleibt dem Gartenschläfer nur, unter den Dachziegeln der Waldhütte unterzukriechen.

Dieser Ort ist ihm eigentlich unheimlich, denn viel zu frisch ist der beißende Duft des Baummarders, der den Dachboden immer wieder zur Nahrungssuche inspiziert.

Mit der hereinbrechenden Nacht verlässt er sein Versteck und geht dieses Mal auf dem Waldboden auf Futtersuche. Es regnet leicht. Aber nasse Füße stören ihn nicht. Vielleicht hat er die Chance, einen dicken Regenwurm zu erbeuten. Vorsichtig vorwärts huschen, verharren, alle Düfte prüfen, mit den großen Ohren nach oben, hinten und vorne sichern, schnell weiterhuschen. Wenn doch bloß diese Kälte nicht wäre! Aber im April können die Nächte auf über 800 Meter Höhe noch empfindlich kalt sein. Nach Mitternacht geht der Regen in Schnee über, und die Chance, einen Regenwurm zu finden, geht gegen Null. Aus einem Mausloch strömt ihm warme Luft entgegen. Es riecht angenehm verlockend nach einem Wurf kleiner Mäuse. Wahrscheinlich sind sie erst wenige Tage alt, noch nackt und bestimmt ein toller Leckerbissen. Aber sicherlich ist auch die Mäusemama nicht weit, und das würde enormen Ärger bedeuten. Der Hunger ist größer als die Angst. Schnell schlüpft er ins Mausloch hinein, dringt bis zum Nest vor und stürzt sich auf die Jungen. Er hat Glück. Die Mutter der Jungmäuse ist unterwegs, und bis sie zurückkommt, hat er schon zwei von ihnen verspeist. Er will sich auf keine Auseinandersetzung einlassen.

Mit einem dritten Jungen im Maul flüchtet er aus dem Mäusebau hinaus ins Schneetreiben. Am Waldrand sind Holzscheite aufgesetzt. Hier zwängt er sich zwischen die Scheite, um in Ruhe fressen zu können.

Die nächsten Tage werden nochmals eisig kalt. Aber satt und windgeschützt zwischen den Holzscheiten sitzend, kann die Kälte dem jungen Gartenschläfer wenig anhaben. Um Energie zu sparen, macht er über die kalten Tage das, was er den ganzen Winter lang gemacht hat. Er senkt seine Körpertemperatur, verlangsamt die Atem- und Herzfrequenz und bleibt in diesem winterschlafähnlichen Zustand, bis er von Hunger oder warmen Temperaturen wieder geweckt wird.

Die letzten Wochen hat das alte Gartenschläfer-Weibchen ihre Tochter immer noch bei sich in der Höhle geduldet, und auch nachts konnte sie in ihrer Nähe bleiben und so gute Futterplätze finden. Jetzt, Mitte Mai, ist die Mutter aber unbarmherzig. Mit scharfen Pfiffen, Knurren und Beißen versperrt sie den Höhleneingang und verteidigt ihre Höhle, die sie in den letzten Tagen mit Moos ausgepolstert hat. Sie will alleine bleiben, weil sie weiß, dass sie heute ihre Jungen bekommen wird.

Die ersten ein bis zwei Tage sitzt die Mutter auf den nackten, unfertigen, nur wenige Zentimeter großen Jungen, leckt sie immer wieder fürsorglich sauber, führt sie an die Zitzen und hält sie warm. 18 Tage nach der Geburt öffnen sich die Augen der Jungen, und mit 28 bis 30 Tagen können sie sich wie die „Erwachsenen" bewegen. Ihr graubraunes Jugendfell ist ausgewachsen. Übermütig und voll Erwartung auf das vor ihnen liegende Leben lugen sie frech aus ihrer Höhle heraus und schauen ihrer Mutter nach, wenn sie zur Nahrungssuche in den dunklen Wald verschwindet. Heute steht ihnen ein großer Tag bevor. Die Mutter hat beschlossen, sie auf ihren ersten Ausflug mitzunehmen ...

130

Wald im Wandel

Reichhaltig an alten und toten Bäumen ist das Angebot im Bannwald „Wilder See". Seit beinahe 100 Jahren hat dieser Wald weder Axt noch Säge gesehen. Die 200-jährigen Fichten und die zum Teil noch einige Jahre älteren Tannen und Buchen haben viele Stürme, trockene Sommer, kalte Winter, Umweltgifte und Borkenkäferkalamitäten erlebt. Die kleinen Insekten haben vor Jahren die meisten der alten, geschwächten Fichten befallen und sie zum Absterben gebracht. Skurril und bizarr stehen die alten Baumriesen, die Rinde schon längst abgeplatzt, die Stämme grau und von Spechteinschlägen gezeichnet, die Äste mit Flechten behangen. Der Tod scheint hier zu Hause zu sein und hält dem Besucher Abschied, Vergänglichkeit und Sterben vor Augen.

Ein toter Wald? Bei weitem nicht. Das tote Holz steckt voller Leben. Unaufhaltsam, und viele, viele Meter lang dringen die dünnen, weißen Fäden der Baumpilze in Stämme und Äste. Sie entziehen dem Holz seine Stärke und bereiten es für die Larven unzähliger Käfer und anderer Insekten auf. Tausendfüßler und Asseln leben im feuchten, modernden Holz, und Spinnen haben hier ihre Jagdgebiete.

Auf Jahre hin ist das Auskommen für die vielfältige Welt des Mikrokosmos sicher gestellt, und auf Jahre sichert die große Zahl der Kerbtiere das Nahrungsangebot für insektenfressende Spitzmäuse, Fledermäuse und Vögel.

Ein toter Wald also bei weitem nicht. Buntspecht, Schwarzspecht und der europaweit selten gewordene Dreizehenspecht trommeln hier um die Wette. Sperlingskauz und Raufußkauz sind hier ebenso zu Hause wie Kreuzotter, Auerhuhn, Reh und Hirsch.

Zwiegespräch

Der Borkenkäfer, Herr Buchdrucker (B), sitzt zufrieden in seiner Rammelkammer

B: *Ach, was für ein gutes Leben! Die Arbeit ist getan, die Kammer wohnlich ausgenagt, jetzt brauch ich nur noch warten. Schon bald wird mein betör'nder Duft ein nettes Weibchen mir in meine Kammer locken. Und dann soll Hochzeit sein.*

Krabbeln und Knabbern an der Rinde neben seinem Eingangsloch.

B: *Ah, es ist soweit! Schnell noch einmal die Borsten gekämmt. Herein, meine Teure, Dir stets zu Diensten!*

Herein tritt sein Nachbar (N).

B: *Ja wie? Herr Nachbar, Du kommst mir ungelegen. Heut soll doch meine Hochzeit sein. Was führt Dich hier herein?*

N: *Ich weiß. Ich hab es wohl gerochen. Gar fein und lockend ist Dein Duft und wird Dir bald ein Weibchen in die Kammer führen.*

B: *Wohlan, so geh und mach den Eingang frei. Das Weibchen wird gleich kommen.*

N: *Halt ein, mein Freund, für einen Augenblick und höre: Gefahr liegt in der Luft. Die Kunde geht, ein Specht sei in dem Wald und sei an unseren Fichten.*

B: *Ach was. Das kann mich heute gar nicht schrecken. Die Kammer ist bereit – noch heute soll die Hochzeit sein.*

N: *Riech doch und denke! Riechst Du es nicht? Gar viele unserer Freunde haben die kranke Fichte hier als ihre Wohnstatt auserkoren. Seit Wochen ein Krabbeln, Drängen und Fressen. Das bleibt dem Spechte sicher nicht verborgen.*

B: *Ja freilich. – Und doch ...*

N: *Und bald schon wird der Saft in ihren Bahnen öd versiegen, die Nadeln werden gelb und für die Kinder Deines Weibchens wird hier kein gutes Leben sein.*

B: *Mag sein.*

N: *So komm! Die Reise ist nicht lang. Der Mensch, der gute Freund, hat uns den Tisch gar fürstlich aufgedeckt. Die nächste Fichte steht bereit. Da drüben. Auch sie gezeichnet von dem Sturm des letzten Winters, geschwächt von Umweltgiften. Sie hat kaum Harz, das sie noch schützen könnte.*

B: *Mag sein.*

N: *So komm!*

B seufzt:

Ja – und nein. Ich weiß sehr wohl um Deine Worte und hab auch Dank dafür. Und doch: ich bleibe. Die Kammer ist gar fein gerichtet, und heut noch soll ...

N: ... *die Hochzeit sein. Nun gut, so bleibe. Ich wünsch Dir Glück dazu. Ich jedenfalls verreise. Adieu, mein Freund.*
Nachbar fliegt ab.
B: *Adieu – und auf ein Wiedersehen. Ich will Dir bald schon folgen.*

Buchdrucker alleine in der Rammelkammer.
B: *Ach, wie gut könnt doch das Leben sein. Gerade noch im Hochgefühl der Freude – und dann der Nachbar! Lässt zaudern mich und macht das Herz mir bang.*
Er horcht.
B: *War da ein Klopfen und Hacken?*
Er horcht nochmals und schüttelt den Kopf.
B: *Hinweg, Du Schreckgespenst, hinweg, ihr ängstlichen Gedanken. Heut soll doch meine Hochzeit sein. Auf, holdes Weiblein, folge den Düften und tritt herein. Und sei es doch Gevatter Specht, so will ich mit ihm reden – 'nen guten Vorschlag hätt ich wohl, vielleicht lässt er sich darauf ein.*

135

Dreizehenspecht (D) fliegt an die Fichte und klopft übermütig an die Rinde, dass die Späne fliegen.

D: *Nach langer Reise endlich im gelobten Land – und Hoffnung für die meinen?*

B ängstlich zitternd, aber mit lauter Stimme:
Wer klopft so stürmisch hier an meine Tür? Ein Freund? Er trete ein. Ein Feind? Er möge weichen.

Dreizehenspecht tritt ein.

D: *Ein Freund, ein Feind? – Wer weiß es? Dem einen ein Freund, dem anderen ein Feind, so sei es.*

Buchdrucker mit einer tiefen Verbeugung:
Grüß Gott, Gevatter Specht. Was verschafft mir die Ehre?

Dreizehenspecht tippt kurz an seine gelbe Mütze.

D: *Ei, guten Tag, Herr Buchdrucker. Wie geht's, was machen die Geschäfte? So schön herausgeputzt und auch die guten Düfte – mir scheint, es soll bald Hochzeit sein.*

B: *Wie wahr, Gevatter Specht. Wie wahr auch, was man oft von Euch erzählt, dass Ihr die Borkenkäfer kennt, sehr gut sogar, und sie auch gern besuchen kommt.*

D lacht:
Wie wahr! Zum Fressen gerne hab ich Euch. Zum Fressen ...

B zurückweichend:
Gemach, Gevatter Specht. Ihr seid ja voll der Leidenschaft. So stürmisch. Und fressen wollt Ihr gar noch mich. Mag sein, ein Leckerbissen wär ich, doch viel zu klein für Euren Appetit.

D: *Wie Recht Du hast. Sehr groß bist Du wohl nicht geraten – doch dafür ist die Zahl der Deinen groß.*

B: *Der meinen ja – und wo sind all die Deinen? Bist Du alleine in diesem großen Wald?*

D stutzt und antwortet traurig:
Die meinen? Ach, seit Jahren schon sind wir gezählt, nur wenige verblieben, denn kein Ort will uns Heimat sein. Und ruhelos auf Wanderschaft. Getrieben. Von einem Ort zum andern ...

B: *Wie kommt´s?*

D: *Die Ruhe ist´s, die fehlt, die Ruhe in ganz großen Wäldern mit reichlich totem Holz. Mit toten Bäumen. Wie einst. Bevor der Mensch die Wälder nutzte, als tote Bäume hier und da und dort uns Wohnstatt und auch Nahrung gaben. Als in den toten Bäumen, die Asseln, Käfer, Spinnen und noch anderes Getier ...*

B: *So wie bei uns hier?*

D: *Nun ja. Hier sind nur Fichten und viele Borkenkäfer ...*

B: *Und einige der Fichten sind bald schon tot und bleiben ...*

D: ... und bleiben nicht im Wald. Der Forstmann
   wird sie holen – wie allerorten.
B: Hier nicht. Hier weht ein neuer Wind. Das tote
   Holz, es darf hier bleiben. Auf Jahre wird es
   Wohnung sein für Pilze, Krabbeltier und Fleder-
   maus ...
D: ... und Vögel auch, und Spechte?
B: Bestimmt!
D: Und dann, was soll dann werden?
B: Ein neuer Wald. Mit alten und mit jungen Bäu-
   men. Mit großen und mit kleinen. Mit totem
   Holz. Mit Fichten, Tannen, Kiefern, Buchen ...
D: Ein neuer Wald? – Wie einst – ein Paradies!
B: Ein Paradies? Vielleicht für Euch, Gevatter
   Specht. Für mich und für die meinen, da dürften
   es nur Fichten sein. So weit das Auge reicht nur
   Fichten. Brav gepflanzt in Reih und Glied, in
   gleichem Alter – doch aus ist´s mit der goldnen
   Zeit. Der Forstmann will hier neue Wege gehen.
D: Was schwatzt Du mir. Zu schön, als dass es
   wahr sein könnte. Genug der Träumerei.
Dreizehenspecht geht näher auf den Borkenkäfer
zu.
B: Gemach, Gevatter Specht, und überlege. Ver-
   schont Ihr mich und all die meinen, und lasst
   uns unsere Arbeit tun, so gibt es totes Holz
   bald reichlich. Für Dich – und hole auch die
   Deinen ...
D: Kein Festmahl heut? Ich soll jetzt gehn und
   Euch verschonen? Und wenn ich wieder komm,
   sind alle Fichten eingeschlagen?
B: Sie werden stehen!
D: Wenn nicht ...
B: Sie werden stehen! Wenn nicht – so gibt es da
   und dort noch reichlich kranke Fichten, und
   Borkenkäfer auch. Und meine Kinder sollen Dir
   und auch den Deinen zum großen Festschmaus
   zur Verfügung stehen.
D: Dein Wort?
B: Mein Wort darauf, Gevatter Specht. Ihr sollt es
   nicht bereuen.
D überlegt:
   Stimmt´s? Stimmt´s nicht? Was kann ich schon
   verlieren. Ich geh und hol die meinen – dann
   wird man sehen ...
Zum Buchdrucker gewandt:
D: Dein Vorschlag klingt mir gut, ich will es
   wagen. Auf bald.
Dreizehenspecht fliegt zur nächsten Fichte und ruft
zurück:
D: Und für die lange Reise einen kleinen Happen
   nur.
B entsetzt:
   Herr Nachbar!

Neues Leben

Der Bannwald zeigt dem Besucher noch ein Weiteres. Neues Leben schöpft aus Vergänglichem. In unermesslicher Fülle haben Fichten und Tannen ausgesamt, und vor allem dort, wo alte Baumstämme modernd auf dem Boden liegen, wachsen die jungen Bäumchen. Sie holen sich die Kraft der abgestorbenen Baumriesen, die zuvor 100 oder 200 Jahre lang beinahe Tag für Tag die Energie der Sonne in sich aufgenommen und in ihrem Holz gespeichert haben.

Seit 100 Jahren ist der Bannwald nun sich selbst und damit dem Spiel der Natur überlassen. Aber sicherlich wird es noch einige 100 Jahre dauern, bis der Bannwald wieder einem Urwald entspricht, in dem menschliche Einflüsse kaum noch erkennbar sind. Die große Zahl der abgestorbenen Fichten zeugt davon, dass vor 200 Jahren, als die Hänge um den Wilden See abgerodet und die Stämme über Schönmünz, Murg und Rhein nach Holland gebracht worden waren, mit Fichten aufgeforstet wurden.

Die nächste Waldgeneration wird wieder überwiegend von Fichten geprägt sein, und wieder wird der Borkenkäfer in ca. 100 Jahren diesen Fichtenwald zum Absterben bringen. Aber schon heute wird deutlich, dass hier und da Fichten vom Borkenkäfer verschont bleiben, dass im Halbschatten der abgestorbenen Bäume die Tannen und Buchen sich gut entwickeln. So stellt sich nach und nach ein Wald ein, den ein buntes Bild, ein Mosaik unterschiedlicher Baumarten und Baumalter prägt. Dann ist der Bannwald wieder Urwald – wir brauchen dazu nur etwas Geduld ...

140

Grindenwasser

Was wäre der Schwarzwald ohne seine Bäche und Flüsse! Klares, sauberes, schmackhaftes Wasser – der Reichtum vieler Mineralwasserhersteller und Bierbrauer.

Im Grindenschwarzwald ist dann so mancher Wanderer überrascht, wenn die Bäche im Oberlauf braun eingefärbt sind und dort, wo sie über Steine und kleine Kaskaden nach unten fallen, kräftig aufschäumen. Nur wenige trauen sich, von dem würzig und erdig schmeckenden Wasser einen Schluck zu trinken. Aber keine Sorge! Braun und Schaum hat im Grindenschwarzwald nichts mit Schmutz oder Verschmutzung zu tun. Der Grindenboden gibt Gerbstoffe und Huminsäuren in das Wasser ab und färbt es braun ein. Aus dem hohen Rohfaseranteil des Bodens werden außerdem Eiweiße gelöst, die bei heftiger Wasserbewegung schließlich aufschäumen. Folgt man den Bächen weiter talwärts, verliert sich das Schäumen und die braune Farbe. Munter plätschern die Bäche von Stein zu Stein, graben sich in die Berghänge ein und geben den Wäldern Kühle und Frische.

Durch den Buntsandstein sind die Bäche von Natur aus sauer. Trotzdem leben in ihnen unzählige Larven der Köcherfliegen, Steinfliegen, Eintagsfliegen und anderer Insekten. An den Ufern fliegen patrouillierend Libellen-Männchen, ständig auf der Suche nach Weibchen, und in den Bächen fischen Wasseramseln und Eisvögel. Die kleinen Bäche hüpfen ausgelassen über Felsbänder und Felsen, stürzen durch enge Schluchten, vereinigen sich zu größeren Bächen, springen übermütig und rasend über Wasserfälle, und nicht selten endet ihr munteres Spiel am Fuße der Schwarzwaldberge in kleinen Wasserkraftanlagen. Bereitwillig geben sie ihre Energie ab, um danach etwas ruhiger, ernster und älter als Murg, Acher oder Rench ihren Weg in den Rhein fortzusetzen.

Nur selten, in besonders trockenen Sommermonaten, kommt es vor, dass die Bäche im Grindenschwarzwald zu kleinen Rinnsalen versiegen. Denn die Grinden, und vor allem die Hochmoore, liegen wie riesige Schwämme auf den Bergen, saugen das Regenwasser auf, speichern es und geben es langsam und stetig durch kleine, poröse Gänge des Buntsandsteins nach unten ab.

Moore – Gedächtnis der Grinden

Der größte dieser Schwämme liegt auf der Hornisgrinde. Vier, fünf Meter und mehr misst der Torfkörper dieses Hochmoores. Jährlich reichert sich etwa ein Millimeter abgestorbenes Pflanzenmaterial am Torfkörper an, wenn die auf dem Torf aufsitzende Pflanzenschicht nach oben weiter wächst und darunter die abgestorbenen Pflanzenreste nur unvollständig zersetzt werden. Das Hochmoor wird dadurch stetig höher. Längst hat es keine Verbindung zum Grundwasser mehr. Die Moorpflanzen können nur von gespeichertem Regenwasser leben. Außerdem herrscht permanente Nährstoffarmut, da die unvollständige Zersetzung kaum Nährstoffe freigibt und nur wenig über das Regenwasser eingebracht wird. Torfmoose, Wollgras und Rosmarinheide sind deshalb ständig auf Nährstoffanreicherung bedacht. Besonders raffiniert macht es der Sonnentau. Mit seinen rot schimmernden, klebrig-haarigen Blättern fängt er Insekten – fast wie die tropischen Venusfallen, allerdings mitten im kühlen Schwarzwald.

Der bis zu sechs Meter mächtige Torfkörper reicht auf mindestens 6.000 Jahre Erdgeschichte zurück. Ein spannendes Geschichtsbuch tut sich da auf, wenn Forscher eine Bohrprobe aus dem Moor ziehen. In dem wenig zersetzten Torf lassen sich aus Pflanzenresten, Samen und Pollen sehr gute Rückschlüsse daraus ziehen, was vor 100, vor 1.000 oder vor 5.000 Jahren hier oben gewachsen ist, ob es Brände gegeben, Trockenheit geherrscht hat oder Saharasand eingeweht wurde. Denn damals – wie heute – speichert das mächtige Gedächtnis des Moores alles, was der Wind ihm zuträgt oder schichtweise in ihm abgelagert wird. Dieses Gedächtnis liefert eine unbestechliche Geschichtsschreibung. Hier lässt sich nichts radieren oder korrigieren – höchstens zerstören, und darin scheint die jüngste Geschichte besonders geübt zu sein.

144

Naturschutz im Grenzbereich

Die Grenze

Heute ist der Grenzübertritt zwischen Baden und Württemberg kaum noch wahrzunehmen. Wären da nicht hier und da die alten Grenzsteine aus Buntsandstein. Auf der einen, der westlichen Seite, ist das badische, auf der anderen Seite das württembergische Wappen in sie hineingemeißelt.

Früher – zu Zeiten des Königreiches Württemberg und des Großherzogtums Baden – war diese Grenze für jeden gut sichtbar, der sie passieren musste. Grenzpfähle, Zollstationen mit Zöllnern, Schlagbäume und militärische Präsenz, nicht nur zu Kriegszeiten, brachten unmissverständlich zum Ausdruck, dass sich hier zwei „fremde Welten" gegenüber standen: das vorwiegend katholisch geprägte Baden und das evangelisch-pietistische Württemberg.

Immer der höchsten Höhenlinie des Hauptkammes folgend, zieht sich die Grenze über alle Berge und die dazwischenliegenden Sattellagen hinweg. Sandkopf, Schurkopf, Schliffkopf, Vogelskopf ... bis hin zur Hornisgrinde, jede Erhebung hat einen Doppelgipfel, oder besser gesagt, beherbergt eine badische und eine württembergische Hälfte.

Vor der napoleonischen „Flurneuordnung" 1806 in Europa hätte man

allerdings hier oben das badische Wappen vergeblich gesucht. Damals grenzten auf dem Hauptkamm Württemberg und das Bistum Straßburg aneinander. Nur wenige alte, reichlich mit Moos oder Flechten überzogene Grenzsteine zeugen noch davon.

Nach der Säkularisation verlor der Straßburger Bischof Macht und Land, und da Napoleon einen Frankreich freundlichen Pufferstaat gegen Osten haben wollte, verhalf er Baden zu seiner Größe, wie wir es heute kennen.

Der Dreifürstenstein auf der Hornisgrinde erinnert noch an die vornapoleonische Zeit. 1722 schlugen dort Landvermesser die sich treffenden Grenzen von Straßburg, Württemberg und Baden in einen großen, waagrecht abgeplatteten Felsen. Übrigens, der Dreifürstenstein markiert den höchsten Punkt Württembergs, und unweit von ihm hat Württemberg auch seine westlichste Ausdehnung erreicht.

Die alte Landesgrenze ist heute noch immer in vielen württembergischen und badischen Köpfen präsent, präsenter als es den Regierenden des vereinten Bundeslandes Baden-Württemberg lieb ist. Und viele Geschichten ranken sich um diese Grenze. „Grenzstreitigkeiten der Heiberhexen", der Heidelbeeren sammelnden Frauen, die jeweils auf der anderen Landesseite die besten Heidelbeerplätze wussten, Schmugglersteige, um an den Grenzen vorbei den guten badischen Schnaps ins Württembergische zu bringen, „Grenzübertritte" der jungen Männer, um die hübschen Mädchen der jeweils anderen Seite vor den Traualtar zu führen ...

Es herrschte also schon immer ein fröhliches Hin und Her über die alte Grenze hinweg und die dickköpfigen, konservativen und frommen Schwarzwälder beiderseits der Grenze sind sich wahrscheinlich schon seit jeher näher, als sie es jemals zugeben würden.

Naturschutz oder Tourismus?

Von der Ortschaft Kniebis kommend, führt heute die Schwarzwaldhochstraße in dieses alte Grenzgebiet hinein. In Richtung Baden-Baden windet

sich die Straße um und über die Schwarzwaldhöhen, bestrebt, möglichst nahe am Scheitelpunkt des Höhenzuges zu liegen. Unterwegs zerschneidet sie die zwei großen Naturschutzgebiete „Kniebis – Alexanderschanze" und „Schliffkopf" und verläuft westlich der Naturschutzgebiete „Wilder See – Hornisgrinde" und „Hornisgrinde – Biberkessel".
Der Autoreisende durchfährt auf der Straße ausgedehnte Wälder, die spätestens nach dem Orkan „Lothar" immer wieder herrliche Ausblicke über die Täler freigeben, er durchfährt waldfreie Bergheiden und erhascht dabei Blicke auf Felsen, Moore und Bergkieferngebüsche. Eine urwüchsige Landschaft tut sich ihm auf, die sich häufig in dicke Wolken hüllt oder im Winter von meterhohen Schneeverwehungen bedeckt sein kann.

Viele Erholungssuchende nutzen die Straße, um schnell und unkompliziert in diese großartige Natur zu gelangen. An manchen Sonntagen werden bis zu 7.000 Fahrzeuge auf der Schwarzwaldhochstraße gezählt, die Parkplätze entlang der Straße sind überfüllt, und die Zahl der Wanderer und Radfahrer geht in die Tausende.
Was suchen die Ausflügler und Urlauber hier oben, die aus den Ballungszentren Stuttgart, Karlsruhe, Mannheim oder dem Ruhrgebiet in den Schwarzwald kommen? Natur und Einsamkeit inmitten unserer dichtbesiedelten Region? Ruhe und Erholung in einem hektisch getriebenen, von der Technik beherrschten Leben? Aber was erleben sie?! Autokarawanen und überlaute, aggressive Motorräder auf der Straße, Gedränge an den Parkplätzen, Gedränge in den Restaurants, Menschenschlangen auf den Wanderwegen, Lärmen …

Immer neue Spielarten der Freizeitgestaltung werden erfunden, um Besucher für den großen Freizeitpark Schwarzwald zu begeistern. Wandern und Radfahren reichen nicht aus. Nordic Walking, Mountainbiking, Gleitschirmfliegen, Schneeschuhgehen, Lama Trekking, Kamelreiten, Klettern … Die Natursportarten haben Hochkonjunktur. Die Natur selbst wird zur Kulisse, verkommt zum gern gesehenen Beiwerk. An manchen Tagen wird dabei für Tiere und Pflanzen die Grenze der Belastbarkeit erreicht.

Aber die Region lebt zum Großteil vom Tourismus. Hotellerie und Gastronomie möchten dazu möglichst viele Gäste. Wer denkt da noch an die vielen Tier- und Pflanzenarten, die den Schwarzwald als unabdingbaren Lebensraum brauchen? Die ohne Moore, Grinden, Karseen und naturnahe Bergwälder keine Überlebensmöglichkeit hätten?

Man sollte meinen, dass man 1938, als der Schliffkopf als eines der ersten Naturschutzgebiete im Nordschwarzwald ausgewiesen wurde, noch nicht an solche Probleme dachte. Der Schliffkopf galt als „großartige Landschaft und eigenartige Natur, die in ihrer Unberührtheit, Stille und Weltferne entlang des ganzen Höhenzuges nicht mehr ihresgleichen hat" (Monatszeitschrift Württemberg, 1929). Aber schon damals warnten Naturschützer vor dem Bau der Schwarzwaldhochstraße: „... unter Umständen [können] Hunderte von Leuten sich für längere Zeit auf den Höhen aufhalten, die Umgebung heimsuchen und die Landschaft nicht bloß um ihre Ruhe und Einsamkeit bringen, sondern auch die Pflanzen- und Tierwelt stark beeinflussen, wodurch dem Wanderer gerade das genommen wird, was er in erster Linie sucht!" – Wie sonderbar! Vor 75 Jahren kämpfte man also schon mit den glei-

chen Problemen. Gab es über all die Jahre keine Lösungen, sondern nur Verstärkungen um ein Vielfaches? Sicherlich, in den Naturschutzgebietsverordnungen hat das Land Baden-Württemberg den Schutz von Tieren, Pflanzen und Lebensräumen klar geregelt. Und was vielleicht noch wichtiger ist, den Menschen im Murg-, Acher- und Renchtal ist die intakte Natur ihres Höhengebietes schon seit jeher ein dringliches Anliegen. Bergwacht und Schwarzwaldverein setzen sich seit Jahrzehnten für den Erhalt der Grinden ein. Alljährlich treffen sich viele ehrenamtliche Helfer, um bei der Schliffkopf-Aktion dem Verbuschen und Bewalden der Grinden mit Motorsägen und Astscheren Einhalt zu gebieten.

Aber zwei Herzen schlagen in der Schwarzwälder Brust. Einerseits der Wunsch nach intakter Natur, und andererseits das verständliche Streben, die Bergwälder und Grinden auch touristisch zu nutzen. Unüberwindbare Gegensätze? Jahrelang schien es so.

Manchmal braucht es Zeit, manchmal Ideen und manchmal andere Köpfe, um neue Wege zu gehen, um Lösungen zu finden.

Gemeinsam für Mensch und Natur

20 Gäste des Schliffkopfhotels, ausgerüstet mit Wanderschuhen und Regenjacken, stehen unweit des Schliffkopfgipfels an einem Holzzaun und lauschen gespannt dem schlacksigen Mann mit großem Hut. Dass es regnet, stört den Schliffkopfranger nicht. Begeistert erzählt er von seinen Part-

nern in der Landschaftspflege, den Hinterwälder Rindern, die – ebenfalls gelassen im Regen stehend – neugierig die Gäste des Schliffkopfhotels mustern. „Hier ist die Naturschutzverwaltung neue Wege gegangen. Zusammen mit mutigen Landwirten und Schäfern werden die Grinden wieder beweidet – und wenn Sie auch dieses Landschaftspflegeprojekt unterstützen möchten, dann essen Sie heute Abend im Schliffkopfhotel das vorzügliche Hinterwälder Steak oder den Sauerbraten vom Hinterwälder."
Neue Wege. Der Schliffkopfranger der Naturschutzverwaltung des Landes Baden-Württemberg gehört ebenso dazu wie die neue Philosophie des Schliffkopfhotels: Wellness und Naturerfahrung! Nach der zweistündigen Wanderung mit dem Schliffkopfranger haben die Gäste nicht nur gute Luft und schöne Landschaft genossen, sie haben Natur erfahren, Geschichte erlebt, Naturschutzziele verstanden.

154

Und abends, wenn die exzellente Küche des Schliffkopfhotels das Bocksergras des Schliffkopfs in veredelter Form als Hinterwälder Grindensteak auftischt, versteht man den Satz „So gut kann Naturschutz schmecken!" Natur und Naturschutz als Erlebnis. Auch hier geht die Naturschutzverwaltung mit Unterstützung der örtlichen Kreise und Gemeinden neue Wege. Begeistert staunende Augen leuchten aus rotwangigen Gesichtern der Kindergartenkinder oder Grundschüler, wenn sie mit Biologen,

155

Geografen oder Förstern des Naturschutzzentrums durch das „Waldklassenzimmer" streifen. Spuren von Eichhörnchen, Baumpilze, Holzwespen, Höhlen, Wurzelverstecke, Moospolster, Ameisen, Bach und alte Bäume … Das Ökosystem Wald steht nicht in Büchern, die Kinder stehen mittendrin. Der Waldspaziergang als Abenteuer, Wissenswertes wird spielerisch dazugegeben.

Naturschutz und Tourismus haben sich gefunden. Der Gast, der Wanderer wird von der Naturschutzverwaltung touristisch an die Hand genommen beziehungsweise von den Touristikvertretern mit den Zielen des Naturschutzes vertraut gemacht. Faltblätter zu den jeweiligen Naturschutzgebieten, mit detaillierten Informationen über Geschichte, landschaftliche Nutzung, Lebensräume, Tiere und Pflanzen sind in Touristinformationen und Hotels erhältlich. An Parkplätzen und Bushaltestellen zwischen Unterstmatt und Kniebis führen große Informationstafeln in die Naturschutzgebiete ein, und entlang des Westwegs erklären Aussichtspunkte mit Panoramatafeln die Landschaft.
Spaß und Erlebnis für die ganze Familie bietet der Grindenpfad auf der Hornisgrinde. Ganz nebenbei erfährt man, was die Eiszeit mit dem Buntsandstein gemacht hat, wie Moore wachsen und was die Auerhenne in ihr Tagebuch schreibt. Ein Abenteuer besonderer Art bietet schließlich der Lotharpfad. Über umgestürzte Baumstämme, hölzerne Treppen, Stege und Brücken führt der Pfad durch eine belassene Sturmwurffläche. Nirgends wird die Gewalt des Orkans und die Kraft der Natur deutlicher als hier. Grindenpfad und Lotharpfad sind Besuchermagnete geworden, die weit über die Region hinaus wirken, mehr, als es moderne Trendsportarten je schaffen können. Und welches Lob könnte größer sein, als das begeisterte Bekenntnis einer 16-jährigen Schülerin, einer ausgemachten Verweigerin

von Waldspaziergängen, nach einer Führung des Naturschutzzentrums über den Lotharpfad: „Cool! Diese Wanderung könnte ich gleich nochmal machen."

Die neuen Wege greifen. Jahr für Jahr steigen die Besucherzahlen des Naturschutzzentrums. Die Touristinformationen der Gemeinden geben gerne das touristische Angebot der Naturschützer weiter. Und im Umkehrschluss wirkt die Idee der Naturschützer: Was ich kenne und liebe, werde ich auch schützen!

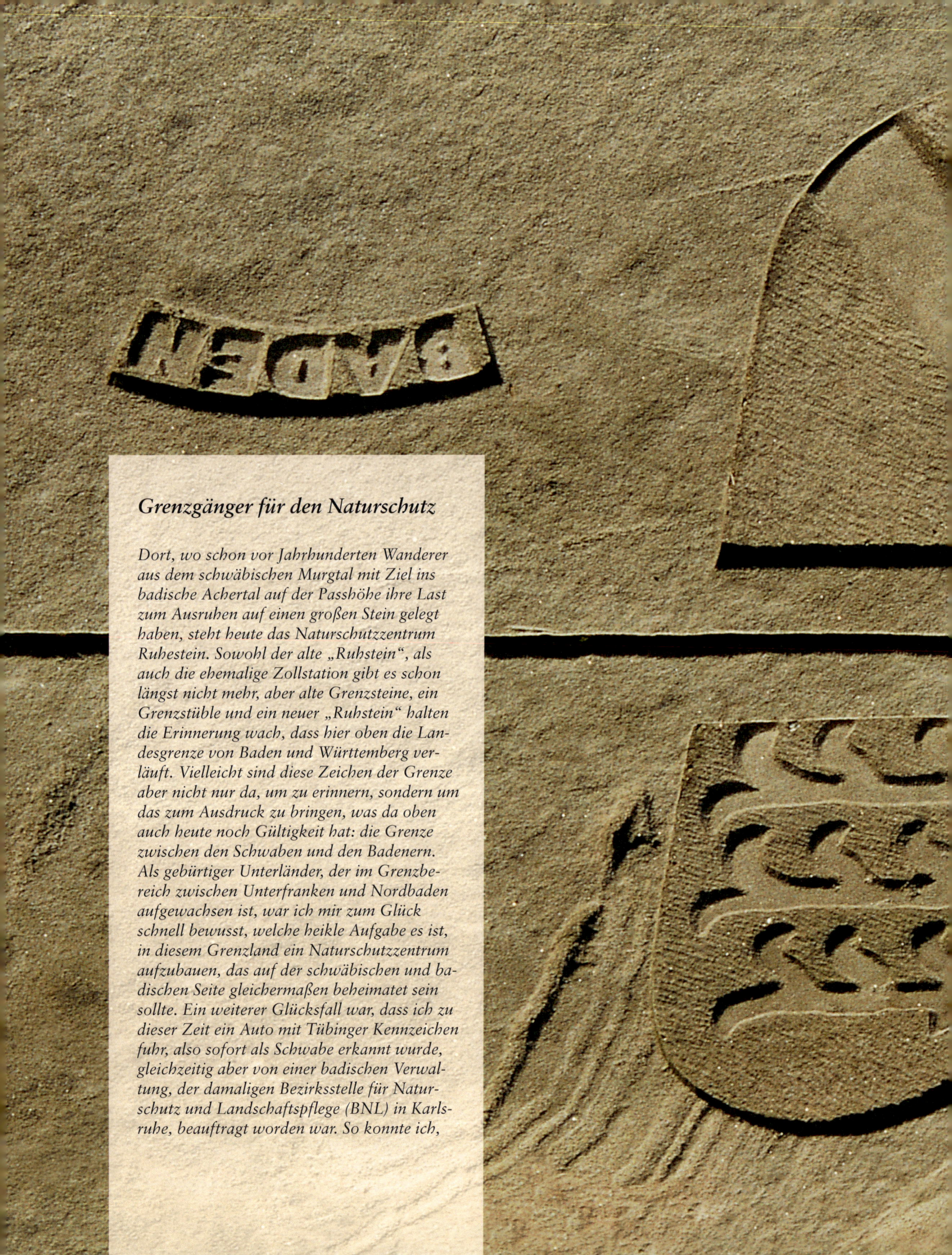

Grenzgänger für den Naturschutz

Dort, wo schon vor Jahrhunderten Wanderer aus dem schwäbischen Murgtal mit Ziel ins badische Achertal auf der Passhöhe ihre Last zum Ausruhen auf einen großen Stein gelegt haben, steht heute das Naturschutzzentrum Ruhestein. Sowohl der alte „Ruhstein", als auch die ehemalige Zollstation gibt es schon längst nicht mehr, aber alte Grenzsteine, ein Grenzstüble und ein neuer „Ruhstein" halten die Erinnerung wach, dass hier oben die Landesgrenze von Baden und Württemberg verläuft. Vielleicht sind diese Zeichen der Grenze aber nicht nur da, um zu erinnern, sondern um das zum Ausdruck zu bringen, was da oben auch heute noch Gültigkeit hat: die Grenze zwischen den Schwaben und den Badenern. Als gebürtiger Unterländer, der im Grenzbereich zwischen Unterfranken und Nordbaden aufgewachsen ist, war ich mir zum Glück schnell bewusst, welche heikle Aufgabe es ist, in diesem Grenzland ein Naturschutzzentrum aufzubauen, das auf der schwäbischen und badischen Seite gleichermaßen beheimatet sein sollte. Ein weiterer Glücksfall war, dass ich zu dieser Zeit ein Auto mit Tübinger Kennzeichen fuhr, also sofort als Schwabe erkannt wurde, gleichzeitig aber von einer badischen Verwaltung, der damaligen Bezirksstelle für Naturschutz und Landschaftspflege (BNL) in Karlsruhe, beauftragt worden war. So konnte ich,

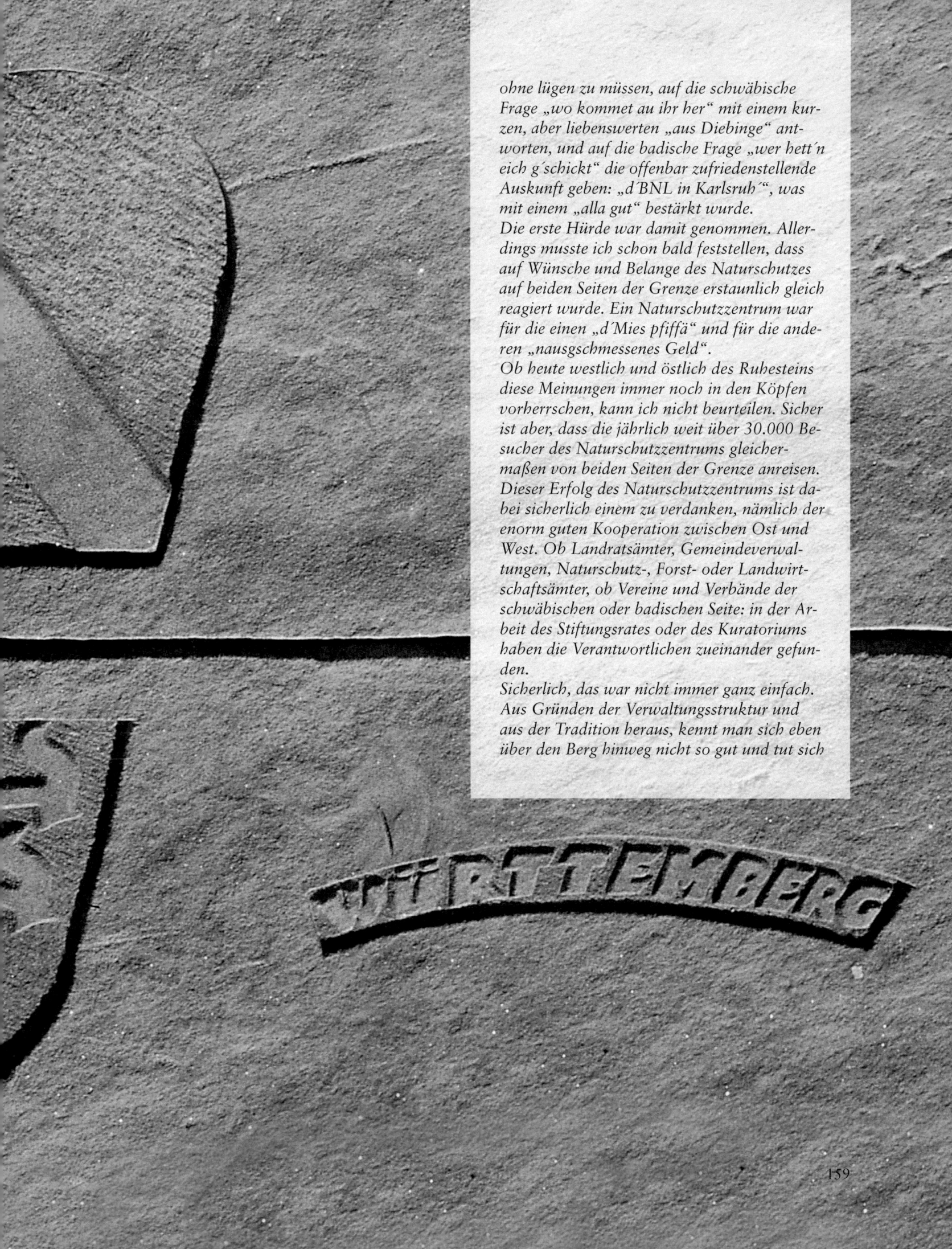

ohne lügen zu müssen, auf die schwäbische Frage „wo kommet au ihr her" mit einem kurzen, aber liebenswerten „aus Diebinge" antworten, und auf die badische Frage „wer hett'n eich g'schickt" die offenbar zufriedenstellende Auskunft geben: „d'BNL in Karlsruh'", was mit einem „alla gut" bestärkt wurde.

Die erste Hürde war damit genommen. Allerdings musste ich schon bald feststellen, dass auf Wünsche und Belange des Naturschutzes auf beiden Seiten der Grenze erstaunlich gleich reagiert wurde. Ein Naturschutzzentrum war für die einen „d'Mies pfiffä" und für die anderen „nausgschmessenes Geld".

Ob heute westlich und östlich des Ruhesteins diese Meinungen immer noch in den Köpfen vorherrschen, kann ich nicht beurteilen. Sicher ist aber, dass die jährlich weit über 30.000 Besucher des Naturschutzzentrums gleichermaßen von beiden Seiten der Grenze anreisen. Dieser Erfolg des Naturschutzzentrums ist dabei sicherlich einem zu verdanken, nämlich der enorm guten Kooperation zwischen Ost und West. Ob Landratsämter, Gemeindeverwaltungen, Naturschutz-, Forst- oder Landwirtschaftsämter, ob Vereine und Verbände der schwäbischen oder badischen Seite: in der Arbeit des Stiftungsrates oder des Kuratoriums haben die Verantwortlichen zueinander gefunden.

Sicherlich, das war nicht immer ganz einfach. Aus Gründen der Verwaltungsstruktur und aus der Tradition heraus, kennt man sich eben über den Berg hinweg nicht so gut und tut sich auch schwer damit, sich kennen zu lernen. Die Verwaltungshierarchie und auch die Hierarchie der Verbände und Vereine orientieren sich im badischen Ortenaukreis nach Freiburg, und im schwäbischen Kreis Freudenstadt nach – nein, nicht mehr Tübingen, sondern Karlsruhe. Auf seinem Schreibtisch hat man das Telefonbuch von „seinem" Kreis und selten das des Nachbarn. Und wenn man fachlich übergreifende Antworten braucht, hat man seine bekannten Ratgeber eben auf seiner Talseite sitzen. Aber auch diese Hürden wurden genommen. Freilich hat dabei so mancher Schwabe „Schwobe-Witz" aus badischem Mund ertragen müssen, und so mancher Badener hat mal wieder schmerzlich erfahren, dass das Zentrum von Baden-Württemberg in Schwaben liegt.

Das Naturschutzzentrum Ruhestein im Schwarzwald hat sich etabliert, und von Anbeginn an wurde sowohl im Stiftungsrat als auch im Kuratorium darauf geachtet, dass schwäbische und badische Seiten paritätisch vertreten sind. So wechseln sich zum Beispiel bei der Führung des Stiftungsrates die Landräte des Ortenaukreises und des Landkreises Freudenstadt in zweijährigem Turnus ab.

Dieser Gedanke setzt sich auch in der praktischen Arbeit des Naturschutzzentrums fort. Steht bei der einen Veranstaltung ein Badener im Mittelpunkt, wird es bei der nächsten ein Schwabe sein. Meldet sich Besuch eines schwäbischen Würdenträgers an, so ist die nächste Politprominenz aus Baden. Einem Vortrag mit einem schwäbischen Referenten folgt ein badischer Redner, Kindererlebnistage werden gleichermaßen für badische und württembergische Städte und Gemeinden angeboten, und Exkursionen oder Führungen in den Schutzgebieten finden stets auf beiden Seiten der Grenze statt.

So nach und nach tritt dabei das „Grenzdenken" immer mehr in den Hintergrund. Es gibt kein schwäbisches Naturschutzzentrum, das schwäbische Naturschutzgebiete betreut oder umgekehrt. Das postalisch im badischen Seebach liegende und telefonisch zu Baiersbronn zählende Naturschutzzentrum ist für beide Seiten zuständig und betreut Schutzgebiete, die für Baden-Württemberg, für Deutschland und für Europa von großem Interesse sind. Wenigstens sieht das die Europäische Union so, die im Rahmen des LIFE-Projektes „Grindenschwarzwald" Naturschutzmaßnahmen in den Schutzgebieten um den Ruhestein in Millionenhöhe förderte. Auch in diesem Projekt war die Zusammenarbeit zwischen beiden Seiten des Schwarzwaldhauptkammes groß geschrieben, und auch dieses Projekt fand seine Anlaufstelle im Naturschutzzentrum.

Der Ruhestein hat sich also zu dem entwickelt, was er vielleicht früher schon immer gewesen war, ein Platz, wo Badener und Schwaben zueinander finden. Der Ruhestein gehört beiden, und für beide ist er wichtig. Das haben auch die Feuerwehren von Baiersbronn und vom Achertal zum Ausdruck gebracht, die in einer gemeinsamen Übung das Löschen des brennenden Naturschutzzentrums simulierten. Schnell, sicher und zielstrebig arbeiteten die Helfer Hand in Hand. Nur ein nahe der Grenze sitzender Hydrant machte Schwierigkeiten. Der schwäbische Hydrant brachte die badischen Wehren arg ins Schwitzen, weil er sich nicht aufdrehen lassen wollte. Drei, vier gestandene Männer wuchteten an der Schraube, bis sie schließlich abgerissen war. Wer konnte aber auch ahnen, dass sich ein schwäbischer Hydrant rechts und ein badischer links herum öffnen lässt – oder ist es vielleicht genau umgekehrt?

Das Team

Von links: Peter Klüber, Klaus Echle, Achim Bornhöft, Friederike Scharfe, Wolfram Hessner und Wolfgang Schlund

Dr. Wolfgang Schlund, Jahrgang 1961, studierte Biologie an der Universität Tübingen, fertigte 1991 seine Diplomarbeit über das Heimkehrverhalten anosmischer Brieftauben und wurde 1996 für seine vergleichende Studie über zwei Siebenschläferpopulationen im Schönbuch promoviert. Von 1992 bis 1997 war er wissenschaftlicher Angestellter bei der Bezirksstelle für Naturschutz und Landschaftspflege in Karlsruhe. 1997 wurde seiner Frau Friederike Scharfe und ihm der Aufbau des Naturschutzzentrums Ruhestein übertragen, das er seit 1998 als Geschäftsführer der Stiftung „Naturschutzzentrum Ruhestein im Schwarzwald" leitet. Über seine wissenschaftlichen Arbeiten gibt es zahlreiche Publikationen in deutsch- und englischsprachigen Fachzeitschriften, außerdem hat er viele Faltblätter, Informationstafeln und Broschüren für die Öffentlichkeitsarbeit der Naturschutzverwaltung konzipiert. Er war auch maßgeblicher Initiator des „Lotharpfads" und des „Naturcamps". Seine Neigung zur Schriftstellerei kommt in vielen Beiträgen in der Tagespresse, in Zeitschriften und Jahrbüchern zum Ausdruck.

Peter Klüber, Jahrgang 1957, absolvierte nach dem Schulabschluss 1972 eine Lehre als Klischeeätzer (Buchdruck) und schulte 1976 zum Lithographen (Offsetdruck) um. Immer mit der Entwicklung der Technik Schritt haltend, bildete er sich 1981 an professionellen Scannern weiter und arbeitete ab 1982 an einer der ersten digitalen Bildverarbeitungs-Workstations. Dank dieser soliden Ausbildung ist er seit 1991 mit seinen Firmen Repro-Service und pk-Verlag erfolgreich selbständig. Seine Firmenphilosophie „High-End-Quality" hat ihn in der Branche zum Experten für schwierige und aufwändige Reproduktionen werden lassen. Durch seine Neigung zur Natur und zum Naturschutz, gepaart mit seinen künstlerischen Fähigkeiten – neben der Malerei waren in den Jahren 1978 bis 1987 Steindruck und Lichtdruck sein Hobby – hat er für die Naturschutzverwaltung Baden-Württembergs zahlreiche Faltblätter, Broschüren und Informationstafeln gestaltet. Er lebt und arbeitet mit seiner Familie auf dem eigenen Hof mit Hinterwälder-Mutterkuhhaltung und Eselzucht in Freiamt.

Klaus Echle, Jahrgang 1964, studierte nach 10-jähriger Tätigkeit als Koch von 1988 bis 1994 Forstwirtschaft an der FH Rottenburg. Von 1994 bis 2002 war er Revierleiter im Staatlichen Forstamt Alpirsbach, seit 2002 ist er Revierleiter im Städtischen Forstamt Freiburg. Schon in seiner Jugend hatte er zu fotografieren begonnen, 1996 wurde er ernsthaft von der Naturfotografie „infiziert". Der Schwerpunkt seines fotografischen Wirkens liegt im Schwarzwald und sein Anspruch ist, ökologische Zusammenhänge, das Verhältnis Mensch – Natur – Tier sowie bedrohte Arten und Lebensräume ästhetisch und künstlerisch darzustellen. 2002 wurde er in die Gesellschaft Deutscher Tierfotografen (GDT) aufgenommen. Von 2001 bis 2004 nahm er mit Erfolg am Wettbewerb „Europäischer Naturfotograf des Jahres" (ENJ) teil, 2003 wurde er Gesamtsieger des europaweiten Wettbewerbs ENJ der GDT. Weitere Wettbewerbe mit Auszeichnungen: Projekt natur & fotografie Wettbewerb „Glanzlichter" 2003 und 2004; Festival International de la Photo Animalière et de la Nature 2002 und 2004; BBC Wildlife Photographer of the Year 2003. In vielen Diavorträgen begeistert Klaus Echle das Publikum mit seiner Leidenschaft für Natur und Fotografie.

Wolfram Hessner, Jahrgang 1963, wurde 1998 nach seiner Ausbildung zum Umwelttechnischen Assistenten Mitarbeiter im Naturschutzzentrum Ruhestein und ist dort vor allem für naturkundliche Führungen zuständig. Seine umfangreichen ökologischen Kenntnisse und sein pädagogisches Geschick begeistern auf seinen Führungen Jung und Alt. Die Liebe zur Natur und besonders zur heimischen Vogelwelt hat er, ebenso wie die Liebe zur Fotografie, schon in seiner Kindheit entdeckt. Schon als Zwölfjähriger streifte der gebürtige Niedersachse durch Wald und Flur des Harzes und spürte mit seiner ersten Kompaktkamera Tieren und Pflanzen hinterher. Heute ist der leidenschaftliche Naturfotograf mit seiner Spiegelreflexkamera gerne in den Hochlagen des Schwarzwalds unterwegs, wo er beim Fotografieren viel Ruhe und Kraft schöpfen kann.

Friederike Scharfe, Jahrgang 1965, studierte Biologie an der Universität Tübingen und fertigte 1991 ihre Diplomarbeit über die Samenverbreitung durch Lemuren im madagassischen Trockenwald. Von 1992 bis 1997 war sie wissenschaftliche Angestellte bei der Bezirksstelle für Naturschutz und Landschaftspflege in Karlsruhe. Im Rahmen dieser Tätigkeit konnte sie 1997 zusammen mit ihrem Mann Wolfgang Schlund das Naturschutzzentrum Ruhestein aufbauen. Seit 1998 ist sie Angestellte bei der Stiftung „Naturschutzzentrum Ruhestein im Schwarzwald". Schon während ihrer Diplomarbeit auf Madagaskar war das Fotografieren notwendig, den Spaß an der Fotografie hat sie in den schönen Naturschutzgebieten Baden-Württembergs und nicht zuletzt im Nordschwarzwald entdeckt. In vielen Veröffentlichungen im Bereich Naturschutz und Ökologie haben die Bilder der Hobby-Naturfotografin Eingang gefunden. Ihre Fotoausstellung „Die Grinden im Wandel der Jahreszeiten", die 1997 im Naturschutzzentrum gezeigt wurde, hat in der Region große Beachtung gefunden und in der Aufbauphase des Zentrums maßgeblich zu seinem Bekanntwerden beigetragen.

Achim Bornhöft, Jahrgang 1966, studierte Komposition an der Folkwang-Hochschule in Essen. Nach dem Examen ging er mit einem DAAD-Stipendium an das Computer Center for Research in Music and Acoustics (CCRMA) der Stanford University, USA, und war zwischen 1996 und 1999 Dozent an der Universität Duisburg und an der Folkwang-Hochschule in Essen. Seine Werke wurden mit dem 1. Preis beim Forum Junger Deutscher Komponisten, dem 1. Preis beim Kompositionswettbewerb der Cooperativa Neue Musik (CNM), dem Felix-Mendelssohn-Bartholdy-Förderpreis und dem 1. Preis im Bundeshochschulwettbewerb Komposition sowie dem Folkwang-Preis für Komposition 1993 ausgezeichnet und auf internationalen Festivals im In- und Ausland gespielt. Vortrags- und Konzertreisen führten ihn u. a. in die Mongolei und nach Kirgisien. 1998 bekam er das Kompositionsstipendium der Heinrich-Strobel-Stiftung des Südwestfunks und begann, sich neben seiner Tätigkeit als Komponist auch choreographischen Bühnenwerken zu widmen. 2001 war er Stipendiat am Zentrum für Kunst und Medientechnologie (ZKM) in Karlsruhe und erhielt 2003 das Kunststipendium am Mummelsee für seine Skulptur „Orplid: Spiegel und Schilf". Achim Bornhöft lebt und arbeitet in Tübingen.

Bildnachweis

Klangkollagen des Nordschwarzwalds
von Achim Bornhöft

Frühling
[01] Am Bach
[02] Auf den Grinden
[03] Spechte
[04] Am Wilden See

Sommer
[05] Im Bannwald
[06] Mummelsee
[07] Der Weg zum Wasserfall
[08] Am Ruhestein

Herbst
[09] Schafe und Gewitter
[10] Auf der Hornisgrinde

Winter
[11] Wintersport
[12] Eulen

Die Naturaufnahmen entstanden in den Jahren 2002 bis 2004 in den Naturschutzgebieten am Ruhestein

Aufnahmen: Achim Bornhöft
Führungen: Wolfgang Schlund, Charly Ebel, Wolfram Hessner

Die Musikstücke wurden in Kooperation mit dem SWR Tübingen im dortigen Studio eingespielt und abgemischt.

Komposition: Achim Bornhöft
Violoncello: Jessica Kuhn
Klavier: Achim Bornhöft
Aufnahme und Mischung: Matthias Neumann
Redaktion: Dr. Max Forster

Im Zusammenhang mit diesem Projekt entstand in der Reihe „Fahr mal hin" des SWR 1 die Fernsehproduktion „Die Schwarzwaldhochstraße: Meilensteine, Mythen, Mummelsee" (Regie: Detlev Koßmann), in der die Arbeit an der CD dokumentiert wurde.

Des Weiteren produzierte der Südwestrundfunk Baden-Baden in der Reihe „SWR 2 Wissen" zwei Sendungen von Klaus Ruge (Redaktion: Detlef Clas, Regie: Carola Preuss) über den Schwarzwald, in denen einzelne kurze Klangkollagen mit einleitenden Texten von Achim Bornhöft vorgestellt wurden. Einzelne Module dieser Sendungen können als mp3-Dateien von der Webseite des Senders (www.swr2.de) herunter geladen werden und z. B. zur mobilen Information vor Ort verwendet werden. Dort sind auf der Karte der „Interaktiven Klangwelt" auch größere Ausschnitte der Naturkollagen mit genaueren Ortsbestimmungen zu finden.

Inspiriert von der Arbeit an dieser CD entwarf Achim Bornhöft die Skulptur „Orplid: Spiegel und Schilf", mit der er das Atelierstipendium am Mummelsee gewann und die auf dem dortigen Kunstpfad zu sehen sein wird.

„Den Tagesanbruch mitzuerleben, ist nützlicher, als die Pastoralsinfonie zu hören."

In diesem provokanten Zitat des berühmten französischen Komponisten Claude Debussy spiegelt sich die Einsicht, dass kulturelle und künstlerische Errungenschaften nie in der Lage sein werden, den Reichtum der Natur abzubilden, geschweige denn, sie zu ersetzen. Und dennoch, oder gerade deshalb, ist sie in allen Zeiten Anlass und Vorbild für viele musikalische Werke geworden: Ob Kuckuck und Turteltauben in Antonio Vivaldis „Vier Jahreszeiten", die Blitze und Donner der „Matthäuspassion", die „Szene am Bach" in genannter Sinfonie von Beethoven oder der Sonnenaufgang in Richard Strauss' „Alpensinfonie", aus allen spricht das Bedürfnis, diesen Impressionen Ausdruck zu verleihen, um somit die Wahrnehmung der eigenen Existenz zu bereichern.
Auf der vorliegenden CD werden die Klänge der Natur nicht übersetzt in eine musikalische Sprache, sondern stehen unverändert für sich selbst, gleichsam als akustisches Portrait, das wie ein Foto versucht, Orte und Momente in unterschiedlichen Jahreszeiten einzufangen. Gleichzeitig entsteht damit ein Zeitdokument, das die Umgebungsgeräusche einer bestimmten Epoche klanglich konserviert.
Von besonderer Bedeutung für diese Arbeit war es, solche Klänge auszuwählen, mit denen die hier portraitierte Region akustisch repräsentiert, bzw. durch die Zusammenstellung derselben eine solche Erkennbarkeit hergestellt werden kann. Damit vor dem inneren Auge ein Bild entsteht, war es darüber hinaus ebenso wichtig, möglichst Klänge zu finden, die auch ohne ein dazugehöriges Bild sofort zu deuten sind. Wasser, Wind oder das Gezwitscher der Vögel sind leichter zu erkennen als die rotierenden Flügel eines Windrads, das Geräusch eines Tretboots oder das rhythmische Klappern eines Skilifts. Letztere bedürfen daher einer entsprechend akustisch erklärenden Umgebung, um richtig zugeordnet zu werden.

Obwohl in der Kollage das Material nicht verändert wird, ist dadurch die Natur nicht im Mindesten abgebildet, sondern stellt sie zeitlich und räumlich zu neuen Abläufen zusammen. Diese sind komprimiert und gleichzeitig in ihrer Gesamtheit reduziert. Dabei wirken sie in einem stetigen Fließen zwischen Vorder- und Hintergrund wie eine Vergrößerung auf bestimmte Details.

Zeitgleich mit den Naturkollagen entstanden mehrere Musikstücke aus Klavier- und Violoncelloklängen, die zum Einen als fertige Stücke eingespielt, zum Anderen als Material aufgenommen wurden, dessen endgültige Form erst durch die Kollage mit Hilfe des Computers entstand. Diese Kompositionen sind insofern von den verschiedenen Geräuschen des Nordschwarzwalds inspiriert, als das scheinbar Zufällige ein elementarer Bestandteil ihrer rhythmischen Gestalten darstellt. Wasser, Vögel und Wind, als drei der am häufigsten zu hörenden Klänge, sind ebenfalls in die Musik mit eingeflossen. Diese Stücke dienen auf der CD sowohl als Übergänge zwischen Orten und Zeiten, als auch zum Verweilen, zum Heraustreten aus einem Bild und zur Möglichkeit der Reflexion des Gehörten. Obwohl diese CD zusammen mit den Bildern und Texten dieses Buchs einen Einblick in die Vielgestalt dieser schönen und einzigartigen Landschaft zu geben versucht, soll sie nie die Notwendigkeit eines eigenen Besuchs ersetzen, sondern lediglich Stütze zum Nacherleben und Erinnern sein oder Anlass, den Geräuschen der Natur mit neuen Ohren zuzuhören.

„Die Musik ist eine geheimnisvolle Mathematik, deren Elemente am Unendlichen teilhaben. Sie lebt in der Bewegung der Wasser, im Wellenspiel wechselnder Winde ..." (Claude Debussy).

Beschreibung der Klänge

Frühling

Auf den Grinden:	Startzeit
Das Murmeln eines Baches	[01] 00'00"
Musik 1	[01] 00'32"
Die erwachende Vogelwelt am frühen Morgen	[01] 04'04"
Heckenbraunellen im niedrigen Buschwerk	[01] 05'20"
Zaunkönig (links)	[02] 00'21"
Rotkehlchen (rechts)	[02] 00'22"
Fitis bei Sonnenaufgang	[02] 01'35"

Im Bannwald:	
Auerhähne bei der Balz	[02] 01'47"
Musik 2	[02] 02'24"
Das Klopfen des Dreizehenspechts	[02] 02'58"
Das erste Flugzeug des Tages	[03] 00'12"
Klopfgeräusche von Buntspecht	[03] 00'40"
und Schwarzspecht	[03] 01'29"
Musik 3	[03] 01'22"

Am Wilden See:	
Regen fällt auf das Wasser	[03] 01'57"
Schnatternde Enten	[04] 00'23"
Zwergtaucher	[04] 01'35"
Ein Grasfrosch in Ufernähe	[04] 01'55"

Sommer

Im Bannwald:	
Zilpzalp	[04] 02'43"
Wendehals	[05] 00'02"
Zitronengirlitz	[05] 00'43"
Sommerregen im Wald	[05] 01'23"
Musik 4	[05] 01'55"
Schreie eines Wanderfalken aus der Ferne (Wilder See)	[05] 01'56"
Schritte auf Blättern	[05] 03'35"

Am Mummelsee:	
Buchfink	[05] 04'00"
Erdkröte am Seeufer	[05] 04'03"
Schritte im Kies	[05] 04'10"
Menschen verschiedener Nationalitäten auf dem Rundweg um den See	[05] 04'21"
Überflug einer Propellermaschine	[06] 00'46"
Hund am anderen Ufer	[06] 01'44"
Tretboote und Quietschen einer Schaukel	[06] 02'25"
Gartenwirtschaft am Hotel	[06] 03'54"
Glockengeläut	[06] 05'02"
Ruhe und Einkehr in der St. Michaelskapelle am Mummelsee, Opferstock	[06] 05'16"
Traditionelle Alphornklänge in der Kirche	[06] 06'02"
Musik 5	[06] 07'28"

Am Bach:	
Ein Bächlein	[06] 08'23"
Ringeltaube	[06] 08'47"
Baumpieper	[07] 00'23"
Wasseramsel	[07] 00'37"
Haubenmeise	[07] 00'41"
Kuckuck	[07] 01'11"
Zippammer	[07] 01'55"
Mäusebussard über dem Karlsruher Grat	[07] 02'09"
Wasserfall am Edelfrauengrab	[07] 03'05"

Musik 6	*[07] 03'50"*	Telefon im Überwachungshäuschen	*[11] 00'20"*
Wanderfalken am Fels	*[07] 04'19"*	Anstellen am Lift	*[11] 00'57"*
Am Ruhestein:		Auf der Piste, Skiläufer	*[11] 01'40"*
Insekten auf der Wiese unter der		Schritte im Schnee	*[11] 02'22"*
Liftanlage	*[07] 06'31"*		
Heimchen	*[07] 06'56"*	Auf der Hornisgrinde:	
Das Geläut der grasenden Kühe, ein		Heulen des Windes am Aussichtsturm	*[11] 02'48"*
Traktor zieht seine Bahnen	*[08] 00'05"*	Musik 10	*[11] 02'53"*
Zilpzalp	*[08] 00'56"*	Tannenmeise	*[11] 03'49"*
Bellen eines Hundes,	*[08] 01'39"*	Wind weht die Eiskristalle von den Ästen	*[11] 03'58"*
der die Rabenkrähen jagt	*[08] 02'26"*	Kohlmeisen	*[11] 05'41"*
Grasende Kühe	*[08] 02'35"*	Drossel eines Windrads, Geräusche	
Fichtenkreuzschnabel	*[08] 03'14"*	der Rotoren	*[11] 05'49"*
Goldammer	*[08] 03'18"*	Blaumeise	*[11] 06'38"*
Wanderer gehen vorüber	*[08] 03'21"*	Musik 11	*[11] 07'42"*
Autos auf der Schwarzwaldhochstraße	*[08] 03'53"*		
Motorräder auf dem Parkplatz am		Wald am Lotharpfad:	
Ruhestein	*[08] 05'08"*	Raufußkauz	*[11] 10'03"*
Kettensägen der Waldarbeiter	*[08] 05'46"*	und Waldkauz	*[12] 00'00"*
Waldschnepfe	*[08] 06'00"*		
Musik 7	*[08] 06'53"*	Im Wald:	
Baumfällen mit der Axt	*[08] 07'01"*	Reh	*[12] 00'10"*
		Musik 12	*[12] 00'40"*

Herbst

		Schmelzwasser	*[12] 02'20"*
Am Vogelskopf:		Bachstelze	*[12] 03'36"*
Schafe auf dem Skihang, Rufe der		Musik 13	*[12] 06'26"*
Schäferin	*[08] 08'06"*		
Bienen	*[08] 08'15"*	*Gesamtspielzeit: 78'23"*	
Donnergrollen in der Ferne	*[09] 00'37"*		
Zicklein	*[09] 01'13"*		
Schäferhund	*[09] 01'41"*		
Gewitter und Regen	*[09] 02'05"*		

In Seebach:

Autos auf der nassen Straße	*[09] 03'59"*
Regen fällt auf Unterstand, Wasser	
fließt in Gulli	*[09] 04'46"*
Regen hört auf, einzelne Tropfen	*[09] 05'40"*
Glocken der Nothelfer-Kapelle am Hang	*[09] 07'16"*
Musik 8	*[09] 07'38"*

Am Schliffkopf:

Wind weht über die Bergheiden	*[09] 09'15"*
Saatgänse im Trupp	*[10] 00'24"*
Rufe von Wiesenpiepern	*[10] 00'40"*
Rufe eines Fichtenkreuzschnabels	*[10] 01'44"*
Musik 9	*[10] 01'51"*

Winter

Am Ruhestein:

Skilift	*[10] 02'22"*